진짜 공신이 되는
하루 만에 2등급 생활과 윤리

김범수 지음

문제가 술술 쉽게 풀리는

진짜 공신이 되는

하루 만에 2등급
생활과 윤리

더디퍼런스

생윤 과목이
의외로 어렵다고 생각하는 학생들에게

얼마 전 나는 《진짜 공신이 되는 하루 만에 2등급 동아시아사》를 출간했다. 공교롭게도 책이 출간된 직후 9월 평가원 모의고사가 있었다. 그 책으로 공부한 수험생들이 모바일 메신저, 휴대전화 문자로 연락해 왔다. 다들 극찬의 내용이었다. 그 중 한 친구는 카카오톡으로 '진짜 책에서처럼 2등급을 받았어요. 쌤 책 짱이에요! 다음 책도 기대할게요.'라고 했다. 이런 반응들을 접할 때마다 이루 말할 수 없는 찐한 뿌듯함은 나를 일하게 하는 원동력이 된다.

생활과 윤리는 매년 19만 명 가까운 수험생이 응시할 정도로 인기가 높은 선택 과목이다. 생활이라는 단어 자체가 거부감이 없고 건전한 사고를 가진 대한민국 수험생이라면 별다른 공부 없이도 40~50% 정도는 답을 찾을 수 있을 정도라 어떻게 보면 당연한 결과라 할 수 있다. 하지만 수험생들은 생활 다음에 나오는 윤리라는 단어는 크게 신경을 쓰지 않는다. 아쉽게도 등급을 결정하는 고난도 문제들은 대부분 이 윤리라는 단어에서 나온다. 3~5등급 성적대의 수험생들은 공감할 것이다. 생활과 윤리는 매년 해를 거듭할수록 시간이 부족해진다는 것. 왜냐하

먼 공부하고 들어 본 내용 같은데 실제 지문이나 선택지는 '응 이런 사상가도 있었나?' 하며 당황스러울 정도로 출제진들의 언어유희가 절정을 향하기 때문이다. 이런 상황 속에서 안정적인 2등급을 받기 위해서는 사상가들의 핵심 키워드를 이해하고 적용할 수 있는 훈련을 하는 것이 필요하다. 출제진들이 제 아무리 언어유희의 마술사라 할지라도 사상가들의 키워드를 임의로 변형하기는 무리가 따르기 때문이다. 《진짜 공신이 되는 하루 만에 2등급 생활과 윤리》는 이런 출제 경향에 대응하도록 핵심 키워드를 제시하였고, 사상가들의 맥락에 맞춰 이해하고 적용할 수 있도록 준비했다.

나는 《진짜 공신이 되는 하루 만에 2등급 동아시아사》, 《진짜 공신들만 쓰는 자기소개서의 비밀》, 《진짜 공신들만 보는 대표 소논문》, 《진짜 공신들만 아는 학생부 종합전형의 비밀》, 《진짜 공신이 되는 기적의 공부법》에 이르기까지 '군더더기 없는 엑기스 같은 내용을 담는다!'라는 원칙하에 책을 써 왔다. 현장에서 바로 활용할 수 있는 디테일하면서 쉬운 방법들을 담았다고 자부한다. 그렇기 때문에 내가 권하는 순서와 방식으로 이 책을 정복한다면 제목 그대로 2등급을 받을 수 있다고 확신한다.

처음에는 'Part1 하루 만에 핵심개념 뽀개기'를 읽어 보자. 생활과 윤리 역시 동아시아와 마찬가지로 출제되는 파트와 개념 등이 정해져 있다. 가급적 두세 번 정도 천천히 읽어 보고 흡수하길 바란다. 개념을 파악했다면 '개념 확인 문제'로 제대로 인지했는지 확인하고, '기출문제로 개념 다지기'를 통해 마지막 확인사살을 해 보자. 머리로는 이해하는데 정작 시험문제로 출제되면 아리송하다는 수험생들이 많다. 이후 정답과 해설을 참고하여 틀린 문제는 반드시 개념을 숙지하도록 한다. 'Part2 하루 만에 2등급을 만드는 문제풀이 비법'에서는 생활과 윤리 과목이라는 특성에 맞는 문제 풀이의 숨은 비결을 담았다. 마지막으로 'Part3 하루 만에 2등급을 만드는 빈칸개념'으로 'Part1 하루 만에 핵심개념 뽀개기'에서 읽었던 주요 개념과 핵심 내용 등이 빈칸으로 처리되어 있다. 가벼운 퀴즈 풀듯이 빈칸을 채워 보도록 하자. 바로 답이 떠오르지 않아도 계속해서 생각해 보도록! 이런 식으로 몇 번 반복하면 어느 순간 개념이 확실해질 것이다. 이 과정까지 충실히 마쳤다면 '생활과 윤리 2등급쯤이야.' 하는 자신감이 생길 것이다.

끝으로 어려운 출판 환경 속에서도 흔쾌히 본인의 졸저를 출판해 주신 더디퍼런스 조상현 대표님과 기획과 디자인으로 생명력을 불어넣어주신 관계자 여러분께 진정으로 감사한 마음을 전한다. 이 책을 읽고 궁금한 내용이 있는 분은 진짜공신연구소(http://cafe.naver.com/skylovedu) 또는 skylovedu@naver.com으로 문의를 주시면 최선을 다해 돕겠다.

진짜공신연구소 사무실에서

저자 김범수

이 책의 활용방법

Part 1 하루 만에 **핵심개념 뽀개기**

시험에 나오는 내용 90%가 담겨 있다.
두세 번 반복하여 반드시 자기 것으로 만들 것!

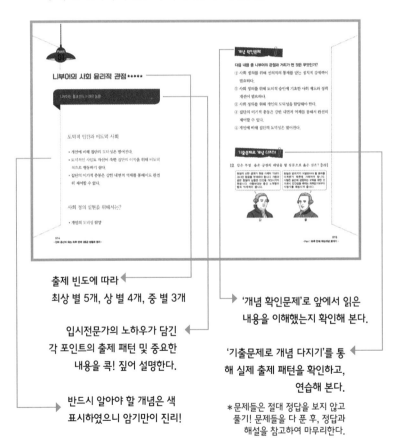

출제 빈도에 따라
최상 별 5개, 상 별 4개, 중 별 3개

입시전문가의 노하우가 담긴
각 포인트의 출제 패턴 및 중요한
내용을 콕! 짚어 설명한다.

반드시 알아야 할 개념은 색
표시하였으니 암기만이 진리!

'개념 확인문제'로 앞에서 읽은
내용을 이해했는지 확인해 본다.

'기출문제로 개념 다지기'를 통
해 실제 출제 패턴을 확인하고,
연습해 본다.

＊문제들은 절대 정답을 보지 않고
풀기! 문제들을 다 푼 후, 정답과
해설을 참고하여 마무리한다.

| 차례 |

Part 1 하루 만에 핵심개념 뽀개기

Part **1**

하루 만에
핵심개념 뽀개기

니부어의 사회 윤리적 관점 ★★★★★

니부어는 출제 빈도가 매우 높다.

도덕적 인간과 비도덕 사회

- 개인에 비해 집단의 도덕성은 떨어진다.
- 도덕적인 사람도 자신이 속한 집단의 이익을 위해 비도덕적으로 행동하기 쉽다.
- 집단의 이기적 충동은 강한 내면적 억제를 통해서도 완전히 제어할 수 없다.

사회 정의 실현을 위해서는?

- 개인의 도덕성 함양

- 선의지의 통제를 받는 정치적 강제력의 이행
- 도덕적 승인에 기초한 사회 제도와 정책의 개선이 필요하다.

개념 확인문제

다음 내용 중 니부어의 관점과 거리가 먼 것은 무엇인가?

① 사회 정의를 위해 선의지의 통제를 받는 정치적 강제력이 필요하다.

② 사회 정의를 위해 도덕적 승인에 기초한 사회 제도와 정책 개선이 필요하다.

③ 사회 정의를 위해 개인의 도덕성을 함양해야 한다.

④ 집단의 이기적 충동은 강한 내면적 억제를 통해서 완전히 제어할 수 있다.

⑤ 개인에 비해 집단의 도덕성은 떨어진다.

1) 2017학년도 4월 교육청 5번

5. 다음 가상 대담의 ㉠에 들어갈 말로 가장 적절한 것은? [3점]

① 선의지의 통제를 받지 않는 강제력을 통해 실현됩니다.
② 집단 간 힘의 비율에 따라 서열을 정함으로써 실현됩니다.
③ 이타심을 지향하는 개인의 양심적 통찰만으로 실현됩니다.
④ 개인의 도덕적 노력이 무의미함을 이해함으로써 실현됩니다.
⑤ 도덕적 승인에 기초하여 사회 제도를 개선함으로써 실현됩니다.

2) 2017학년도 7월 교육청 17번

17. 다음 사상가의 입장으로 옳은 것만을 <보기>에서 있는 대로 고른 것은? [3점]

> 정치의 영역에서 이성과 양심에만 전적으로 의지해서는 안 되고 정치적 압력도 병행해서 사용해야 한다. 올바른 정치적 도덕성은 강제력을 최소화하고, 합리적·도덕적 요소들에 가장 잘 부합될 수 있는 유형의 강제력을 사용함으로써 사회를 갈등의 악순환에서 벗어날 수 있게 한다.

———————— <보 기> ————————
ㄱ. 개인과 사회의 도덕적 이상은 동일하다.
ㄴ. 사회 구조는 개인의 도덕성에 영향을 준다.
ㄷ. 개인의 선의지가 사회 정의 실현에 기여한다.
ㄹ. 개인이 도덕적이어도 사회적 갈등은 지속될 수 있다.

① ㄱ, ㄴ   ② ㄱ, ㄷ   ③ ㄷ, ㄹ
④ ㄱ, ㄴ, ㄹ   ⑤ ㄴ, ㄷ, ㄹ

사형 제도에 관한 칸트와
베카리아의 관점★★★★★

사형 제도와 관련한 기출문제의 대다수는 칸트와 베카리아의 관점을 토대로 묻는 문제!

칸트의 입장

사법적 형벌은 결코 범죄자 자신이나 시민 사회를 위해서 어떤 다른 선을 촉진하기 위한 한낱 수단으로써 가해질 수는 없고, 오히려 그가 범죄를 저질렀기 때문에 항상 그 때문에 그에게 가해지지 않으면 안 된다. 왜냐하면 인간은 결코 타인의 의도들을 위한 수단으로 취급될 수는 없고, 물권의 대상들 중에 섞일 수는 없기 때문이다. 그리고 형벌에 있어서 공적인 정의가 의존하는 원리는 동등성의 원리이다. 오직 보복법만이 형벌의 질과 양을 명확하게 제시할 수 있다. 그러므로 그가 살인을 했다면 그는 죽어야만 한다.

- 형벌의 본질은 응보*
- 사형은 응보주의에 바탕을 둔 형벌이기 때문에 인간의 존

엄성과 가치를 인정

• 사형은 스스로 저지른 살인에 대한 응분의 책임을 지우는 것

_____ ✎

* 응보 : 자신이 저지른 행위에 대한 죄 값

베카리아의 입장

> 사형은 한순간에 강렬한 인상만을 줄 뿐이다. 반면에 종신 노역형은 더 큰 공포를 안겨 준다. 구경꾼은 수형자가 당하는 고통의 합산을 고려하므로 인간 정신에 미치는 효과가 사형에 비해 크다. 처벌이 지속적 효과를 가질 때 범죄를 더 잘 예방할 수 있다.

• 사형보다는 종신 노역형이 범죄 예방 효과의 측면에서 효과적

→ 사형 제도의 폐지를 주장

사형 제도와 관련해 칸트는 긍정, 베카리아는 부정의 대답을 할
질문은?

① 사형 제도를 유지해야 하는가?

② 사형 제도는 폐지해야 하는가?

③ 사형 제도의 존폐를 논의해야 하는가?

④ 사형보다 종신 노역형이 사람들에게 주는 고통이 보다 지
   속적이고 큰가?

기출문제로 개념 다지기

1) 2017학년도 6월 평가원 12번

12. 갑은 부정, 을은 긍정의 대답을 할 질문으로 옳은 것은? [3점]

> 형벌의 선한 결과가 형벌 자체의 악보다
> 크다면 형벌을 부과해야 합니다. 사형과
> 같은 형벌의 남용은 인간을 개선시키지
> 못합니다. 사형보다는 종신 노역형이
> 범죄 억제력이 큽니다.

> 형벌은 범죄자가 처벌받아야 할 행위를
> 의욕했기 때문에 가해져야 합니다.
> 사형은 살인에 상응하는 보복을 위한 것
> 으로서, 인간성을 해치는 죄책감으로부터
> 사형수를 해방시켜 줍니다.

갑

을

① 사형은 유용성의 원리가 아니라 인간 존중의 이념에 위배되는가?
② 형벌의 목적은 응분의 보복이 아니라 범죄의 예방에 있는가?
③ 사형제는 보다 효과적인 형벌 제도가 있으므로 폐지되어야 하는가?
④ 범죄자는 응분의 보복을 의욕했기 때문에 반드시 처벌받아야 하는가?
⑤ 사형제는 동등성의 원리에 따라 공적 정의를 실현하기 위한 수단인가?

2) 2017학년도 7월 교육청 16번

16. 갑은 긍정, 을은 부정의 대답을 할 질문으로 옳은 것은? [3점]

> 갑: 형벌은 타인들의 범죄를 억제시키기에 충분한 정도의 강도(強度)만을 가져야 한다. 종신 노역형만으로도 가장 완강한 자의 마음을 억제시키기에 충분한 정도의 엄격성을 지니고 있다.
>
> 을: 사법적 처벌은 사회적 선을 증진시키는 수단으로 행해져서는 안 되고, 오히려 그가 범죄를 저질렀기 때문에 가해져야 한다. 인간은 수단으로 취급될 수 없기 때문이다.

① 국가는 사형을 집행할 권리가 있는가?
② 사형은 인간의 존엄성과 가치를 인정하는 것인가?
③ 계약론에 근거하여 사형 제도를 유지해야 하는가?
④ 범죄 예방 차원에서 사형 제도의 존폐를 논해야 하는가?
⑤ 범죄자는 잘못된 행동에 상응하는 처벌을 받아야 하는가?

Point
03

다문화를 보는 관점★★★★★

다문화를 보는 각 관점의 특징만 숙지하면 쉽게 문제를 풀 수 있다.

다문화 주의(샐러드 그릇 이론/모델)

이주민 문화를 포함하여 다양한 문화를 그대로 동등하게 인정
하면서 문화 간 공존을 추구해야 한다.

- 각각의 문화가 공존 → 차별 없이 조화를 이루는 상태
- 문화의 공존과 조화 지향

지향과 지양의 차이?

지향 : ~을 목표로 노력하다

지양 : ~을 하지 않다

문화 다원주의

이주민 문화 정체성이 유지되도록 존중해야 하지만, 주류 문화가 사회 통합의 주체로서 역할을 해야 한다.

- 문화의 공존과 조화 지향 → 주류 문화의 역할(사회 통합의 주체) 강조

용광로 모델

사회 안에 존재하는 다양한 문화도 용광로에서 함께 녹아들고 섞여 만들어진 쇠붙이처럼 새로운 모습으로 탄생해야 한다.

- 여러 문화를 하나로 통합 → 새로운 문화 창출

개념 확인문제

다음 (가)와 (나) 사상에 대한 설명으로 옳은 것은 무엇인가?

(가)

이주민 문화를 포함하여 다양한 문화를 그대로 동등하게 인정하면서 문화 간 공존을 추구해야 한다.

(나)

사회 안에 존재하는 다양한 문화도 용광로에서 함께 녹아들고 섞여 만들어진 쇠붙이처럼 새로운 모습으로 탄생해야 한다.

① (가) : 각각의 문화가 지닌 정체성을 존중한다.

② (가) : 문화 통합을 통한 새로운 문화의 창출을 강조한다.

③ (나) : 사회 통합의 주체로 주류 문화의 역할이 필요하다.

④ (나) : 각각의 문화가 차별 없이 조화를 이루어야 한다.

⑤ (가)와 (나) 모두 각 문화가 지닌 특수성의 유지를 강조한다.

기출문제로 개념 다지기

1) 2017학년도 3월 교육청 6번

6. 그림에서 갑, 을은 옳고 병은 틀린 대답을 했다고 할 때, A에 대한 설명으로 가장 적절한 것은?

① 다른 민족 문화의 수용을 전적으로 거부한다.
② 민족의 정체성을 추구하면서도 세계 시민성을 존중한다.
③ 문화의 다양성을 부정하고 하나의 세계 문화를 추구한다.
④ 민족과 국가의 필요성을 부정하고 인류 공동체를 지향한다.
⑤ 민족 문화의 특수성이 아닌 인류 문화의 보편성만을 강조한다.

2) 2017학년도 3월 교육청 9번

9. 그림은 형성 평가 문제지에 학생이 답을 표시한 것이다. ㉠~㉣ 중에서 옳게 표시된 것만을 있는 대로 고른 것은? [3점]

> ||||||||||||| **형성 평가** ||||||||||||
>
> 3학년 ○반 이름 : ○○○
>
> ※ (가), (나) 모두가 지지할 주장으로 옳으면 '예', 틀리면 '아니요'에 '√' 표시를 하시오.
>
> > (가) 이주민의 문화 정체성이 유지되도록 존중해야 하지만, 주류 문화가 사회 통합의 주체로서 역할을 해야 한다.
> >
> > (나) 이주민 문화를 포함하여 다양한 문화를 그대로 동등하게 인정하면서 문화 간 공존을 추구해야 한다.
>
> ○ 주장 1 : 이주민 문화를 주류 문화로 편입해야 한다.
> 　　　　 예☑　아니요□ ·· ㉠
> ○ 주장 2 : 다양한 이질적 문화를 하나로 융합해야 한다.
> 　　　　 예□　아니요☑ ·· ㉡
> ○ 주장 3 : 문화의 공존과 조화를 지향해야 한다.
> 　　　　 예☑　아니요□ ·· ㉢
> ○ 주장 4 : 문화 간 우열의 차이를 인정해야 한다.
> 　　　　 예□　아니요☑ ·· ㉣

① ㉠, ㉡　　　　　② ㉠, ㉣　　　　　③ ㉢, ㉣
④ ㉠, ㉡, ㉢　　　⑤ ㉡, ㉢, ㉣

14. (가)의 갑, 을, 병의 입장을 (나) 그림으로 표현할 때, A~D에 들어갈 옳은 질문을 <보기>에서 고른 것은? [3점]

(가)	갑: 자국 문화의 용광로에 이민자라는 다양한 철광석을 녹여 하나의 문화를 만들어야 한다. 을: 여러 색상의 다양한 조각들인 이민자들이 모여서 하나의 아름다운 모자이크를 완성해야 한다. 병: 우리와 동일한 우수한 문화를 갖고 있는 이민자들만을 허용함으로써 동질적인 사회를 유지해야 한다.
(나)	

─────── <보 기> ───────
ㄱ. A: 다양한 문화들의 특성을 존중해야 하는가?
ㄴ. B: 다양한 문화를 하나로 통합시켜야 하는가?
ㄷ. C: 비주류 문화를 주류 문화로 바꿔야 하는가?
ㄹ. D: 다양한 문화들 간의 위계가 있다고 보는가?

① ㄱ, ㄴ ② ㄱ, ㄷ ③ ㄴ, ㄷ ④ ㄴ, ㄹ ⑤ ㄷ, ㄹ

생명, 생태, 감정중심주의 ★★★★★

각 사상가들의 특징을 토대로 공통점과 차이점, 옳거나 그른 것을 묻는 문제 위주로 출제되는 특징이 있다.

테일러의 생명중심주의

생명이 있는 존재는 자신의 선을 고유한 방식대로 추구하는 독특한 개체라는 의미에서 목적론적 삶의 중심이며 모두 내재적 가치를 지닌다.

- 목적론적 삶이라는 단어 때문에 칸트와 혼동해서는 곤란함
- 도덕적 배려의 대상 : 생명이 있는 존재

레오폴드의 생태중심주의

대지는 인간을 비롯한 자연의 모든 존재들이 서로 그물처럼 얽혀 있는 공동체이다. 우리는 그 구성원으로서 공동체에 대한 존경심을 가져야 한다.

- 도덕적 배려의 대상 : 생태계의 모든 존재

싱어의 감정중심주의

인간처럼 고통을 느낄 수 있는 능력을 소유한 존재는 인간과 동일한 이익관심을 가진다. 그들에 대한 차별은 인종 차별과 같이 부도덕한 것이다.

- 도덕적 배려의 대상 : 쾌락과 고통(쾌고감수능력)을 느끼는 모든 존재
- 쾌고감수능력이 없는 식물인간은 도덕적 배려의 대상이 아니다!(싱어의 입장)

레건의 동물권리론

동물도 삶의 주체로서 자신의 삶을 영위할 권리가 있으므로 동물의 도덕적 지위를 인정해야 한다.

생명, 생태, 감정중심주의 공통점

• 인간은 모든 생명체를 도덕적으로 배려해야 한다.
• 도덕적 행위의 주체인 인간은 동물을 배려해야 한다.

개념 확인문제

다음에서 설명하는 내용 중 사실과 다른 것은 무엇인가?

① 생명중심주의 : 생명이 있는 존재가 도덕적 배려의 대상
이다.

② 생태중심주의 : 생태계의 모든 존재가 도덕적 배려의 대
상이다.

③ 감정중심주의 : 쾌락과 고통을 느끼는 존재가 도덕적 배
려의 대상이다.

④ 생명중심주의 : 생명을 유지하고 고양하는 것을 선으로
본다.

1) 2017학년도 3월 교육청 20번

20. (가)의 갑, 을, 병 사상가들의 입장을 (나) 그림으로 표현할 때, A ~ D에 해당하는 옳은 진술만을 <보기>에서 있는 대로 고른 것은? [3점]

(가)	갑 : 동물도 삶의 주체로서 자신의 삶을 영위할 권리가 있으므로, 동물의 도덕적 지위를 인정해야 한다. 을 : 모든 생명체는 자신의 성장, 발전, 생존, 번식이라는 목적을 추구하는 목적론적 삶의 중심이다. 병 : 도덕 공동체의 범위를 동물, 식물, 흙, 물을 비롯한 대지까지 확대해야 한다.
(나)	 <범 례> A : 갑만의 입장 B : 을만의 입장 C : 병만의 입장 D : 갑, 을, 병의 공통 입장

< 보 기 >

ㄱ. A : 인간은 함부로 동물을 죽여서는 안 된다.
ㄴ. B : 인간은 생명 공동체에서 하나의 구성원에 불과하다.
ㄷ. C : 자연은 그 자체로 도덕적으로 존중받을 가치가 있다.
ㄹ. D : 경제적 효용성의 관점으로만 동물의 가치를 평가하는 것은 잘못이다.

① ㄱ, ㄴ　　　② ㄱ, ㄷ　　　③ ㄷ, ㄹ
④ ㄱ, ㄴ, ㄹ　　⑤ ㄴ, ㄷ, ㄹ

2) 2017학년도 4월 교육청 6번

6. (가)의 갑, 을, 병 사상가들의 입장을 (나) 그림으로 탐구하고자 할 때, A~E에 들어갈 질문으로 옳지 <u>않은</u> 것은? [3점]

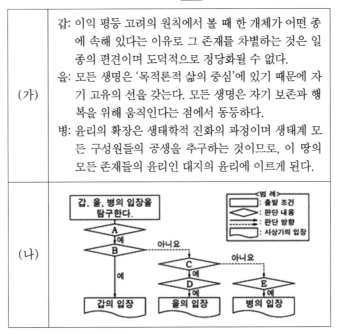

(가)	갑: 이익 평등 고려의 원칙에서 볼 때 한 개체가 어떤 종에 속해 있다는 이유로 그 존재를 차별하는 것은 일종의 편견이며 도덕적으로 정당화될 수 없다. 을: 모든 생명은 '목적론적 삶의 중심'에 있기 때문에 자기 고유의 선을 갖는다. 모든 생명은 자기 보존과 행복을 위해 움직인다는 점에서 동등하다. 병: 윤리의 확장은 생태학적 진화의 과정이며 생태계 모든 구성원들의 공생을 추구하는 것이므로, 이 땅의 모든 존재들의 윤리인 대지의 윤리에 이르게 된다.

① A: 인간의 이익을 넘어선 탈인간 중심주의가 요구되는가?
② B: 개별 존재의 이익관심은 쾌고감수능력을 전제로 하는가?
③ C: 개별 생명은 생태계 안정에 기여하므로 내재적 가치를 갖는가?
④ D: 생명 존중은 그 자체로 정당한 궁극적인 도덕적 태도인가?
⑤ E: 인간은 생태 공동체 보호의 직접적인 도덕적 의무를 지니는가?

7. (가)의 갑, 을, 병 사상가들의 입장을 (나) 그림으로 표현할 때, A~D에 해당하는 적절한 질문만을 〈보기〉에서 있는 대로 고른 것은? [3점]

(가)	갑: 자연의 다른 존재를 위한 유용성과는 독립적으로, 쾌고(快苦)를 느끼며 목표를 위해 행위하는 삶의 주체는 비록 의무를 지닐 수 없다 해도 삶을 영위할 권리를 갖는다. 을: 자연의 피조물이 이성을 갖지 않는다고 해서 잔인하게 다루면 안 된다. 그렇게 다룰 경우, 고통에 대해 공감을 일으키는 인간의 자연적 소질이 약화되기 때문이다. 병: 자연을 사냥해서 노예로 만들어 인간의 이익에 봉사하도록 해야 한다. 지식은 인간이 자연을 의도에 맞게 변형하여 자연에 대한 지배력을 강화하는 데 유용하다.
(나)	

갑, 을, 병의
입장을 탐구한다.

〈범례〉
☐ : 출발 조건
◇ : 판단 내용
┄▶ : 판단 방향
▱ : 사상가의 입장

A ──아니요──→ B ──아니요──→ D
│예 │예 │예
갑의 입장 C 병의 입장
│예
을의 입장

─────〈 보 기 〉─────

ㄱ. A: 인간이 아닌 동물도 권리를 지닐 수 있는가?
ㄴ. B: 자연 안의 어떠한 존재도 수단으로 대해서는 안 되는가?
ㄷ. C: 인간만이 도덕적 의무를 실천할 능력을 소유하는가?
ㄹ. D: 자연의 내재적 가치를 이해하여 자연을 지배해야 하는가?

① ㄱ, ㄷ ② ㄱ, ㄹ ③ ㄴ, ㄹ
④ ㄱ, ㄴ, ㄷ ⑤ ㄴ, ㄷ, ㄹ

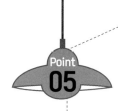

분배에 대한 롤스와 노직의 사상 ★★★★★

롤스와 노직의 차이점과 공통점을 묻는 위주로 출제된다.

롤스의 정의의 원칙

> 민주주의적 평등 체제에서 불평등이 정당화되는 조건은 그 불평등에 의해 최소 수혜자들의 이익이 증가하는 경우이다.

- 절차적 공정성*에 따른 차등의 원칙을 주장
- 정의로운 사회에서도 사회, 경제적 불평등이 존재한다. 하지만 절차적 공정성이 보장된다면 정당하다.
  예) 사회 구성원 모두에게 이익이 될 경우 재화의 불평등 한 분배는 정당
- 정의의 원칙
  1) 평등한 자유의 원칙(제1 원칙)
     모든 사람은 평등하게 기본적 자유를 최대한 누려야 함

2) 차등의 원칙(제2 원칙)

    사회/경제적 불평등은 최소 수혜자에게 최대의 이익

    이 되도록 할 때 정당화됨

3) 기회균등의 원칙(제3 원칙)

    사회/경제적 불평등의 원인이 되는 직위/직책은 모든

    사람에게 열려 있어야 함

＊절차적 공정성 : 정부나 조직 내에서 결과를 성취하기 위해 사용하는
  수단의 공정성

노직의 자유지상주의

> 한 사람의 소유물은 <u>취득·이전·교정</u>에서의 정의의 원리에
> 의해 그가 그 소유물에 대한 권리를 부여받았다면 정당한 것이
> 다. 만약 각 개인의 소유물이 정당하다면, 소유물의 전체 집합
> 도 정당하다.

• 불평등은 어느 사회에서나 존재한다.

  BUT 취득과 이전, 교정의 과정에 문제가 없다는 전제하

    에 불평등은 정당하다.

     • 개인의 자유를 강조하는 대신 국가

  에 의한 재분배 반대

    → 최소국가에 의해서만 경제적 정의가

원조에 대한 입장도 동일함
'Point 06 해외 원조에 대한 입장' 참
고할 것!

실현될 수 있다!

롤스와 노직의 공통점

• 개인의 자유와 권리를 침해할 수 없다! (매우 중요)

개념 확인문제

다음에서 설명하는 내용 중 사실과 다른 것은 무엇인가?

① 롤스 : 복지를 위해 개인의 자유는 제한될 수 없다.

② 롤스 : 구성원 모두에게 이익이 될 경우 재화의 불평등한
분배는 정당할 수 있다.

③ 노직 : 최소국가에 의해서만 경제적 정의가 실현될 수 있다.

④ 노직 : 불평등은 어떠한 경우에도 정당하다.

⑤ 공통점 : 복지를 위해 개인의 자유와 권리를 침해할 수 없다.

1) 2017학년도 4월 교육청 8번

8. 갑, 을 사상가 모두 긍정의 대답을 할 질문으로 옳은 것만을 <보기>에서 있는 대로 고른 것은? [3점]

> 갑: 사회의 기본 구조에 대한 정의의 원칙들이 원초적 합의의 대상이다. 이것은 자신의 이익 증진에 관심을 가진 자유롭고 합리적인 사람들이 평등한 최초의 입장에서 그들 조직체의 기본 조건을 규정하는 것으로 채택하게 될 원칙들이다.
>
> 을: 각 개인은 자기 소유물을 합법적 수단으로 취득할 경우 그에 대한 소유 권리를 갖는다. 따라서 정당한 획득과 정당한 이전(移轉), 그리고 부정의의 교정 원칙에 따른 부와 소득의 분배만이 정당성을 갖는다.

〈 보 기 〉

ㄱ. 최소국가만이 개인의 권리를 가장 잘 보호할 수 있는가?
ㄴ. 사회적 약자의 이익을 위한 기본적 자유 제한은 부당한가?
ㄷ. 천부적 자질은 개인의 소유이면서 공동 자산이어야 하는가?
ㄹ. 정의 실현을 위한 절차가 공정하면 그 결과는 정당성을 갖는가?

① ㄱ, ㄴ   ② ㄱ, ㄷ   ③ ㄴ, ㄹ
④ ㄱ, ㄷ, ㄹ   ⑤ ㄴ, ㄷ, ㄹ

19. (가)의 갑, 을 사상가들의 입장을 (나) 그림으로 표현할 때, A~C에 해당하는 옳은 진술만을 <보기>에서 있는 대로 고른 것은? [3점]

(가)	갑: 재화의 분배는 전적으로 개인의 자유에 위임해야 한다. 국가가 부자에게 부당한 세금을 거두는 것은 정의의 실현을 방해하는 것이다. 을: 정의로운 사회에서 소득과 재화를 분배할 때, 사회적·경제적 불평등이 허용되기 위해서는 최소 수혜자들에게 가장 큰 혜택이 돌아가야 한다.
(나)	 〈범례〉 A: 갑만의 입장 B: 갑, 을의 공통 입장 C: 을만의 입장

─── <보 기> ───

ㄱ. A: 국가의 모든 세금 징수를 반대한다.
ㄴ. B: 분배 절차가 정당하다면 그 결과도 정당하다.
ㄷ. C: 정의의 원칙을 정할 때 우연성을 배제해야 한다.
ㄹ. C: 원초적 입장에서 계약 당사자는 이타심을 발휘한다.

① ㄱ, ㄴ   ② ㄱ, ㄹ   ③ ㄴ, ㄷ
④ ㄱ, ㄷ, ㄹ   ⑤ ㄴ, ㄷ, ㄹ

해외 원조에 대한 입장★★★★★

각 사상가들의 해외 원조에 대한 관점과 특징에 대해 중로 출제된다.

롤스의 입장

> 시민들의 기본적인 정치적 권리가 보장되는 '질서 정연한 사회'
> 에 살고 있는 사람들은 정치적 전통과 물질적 자원의 결핍으로
> 고통받는 사회를 원조해야 한다.

- 원조는 윤리적 의무
- 원조의 목적은 사회 구조와 체제의 개선에 있다. 가난한
  국가라도 질서 정연한 국가에 대해서는 원조할 필요가
  없다!

싱어의 입장

원조를 함으로써 얻을 수 있는 이익이 비용보다 클 경우, 원조를 하는 사람은 원조를 받는 사람이 어느 공통체에 속해 있든 상관없이 원조해야 한다.

- 민족, 국가, 인종을 초월해 원조를 하는 것이 윤리적 의무

노직의 입장

약소국에 대한 원조는 부유한 개인이나 국가가 자율적으로 선택해야 할 문제, 빈곤 문제는 다른 나라가 그 문제 해결에 관여할 윤리적 의무가 없다.

- 원조는 윤리적 의무(X) → 자선의 차원에서 선택적 원조

원조에 대한 관점

- 의무의 관점 : 칸트, 롤스, 싱어
- 자선의 관점 : 노직

다음에서 설명하는 내용 중 사실과 다른 것은 무엇인가?

① 롤스 : 원조는 윤리적 의무이며 원조의 목적은 사회 구조
와 체제의 개선에 있다.

② 롤스 : 가난한 국가라도 질서 정연한 국가에는 원조할 필
요가 없다.

③ 싱어 : 민족, 국가, 인종을 초월해 원조를 하는 것이 윤리
적 의무이다.

④ 노직 : 원조는 윤리적 의무이며 자선의 차원에서 선택적
이어야 한다.

1) 2017학년도 3월 교육청 2번

2. 다음은 두 서양 사상가들의 가상 대화이다. ㉠에 들어갈 내용으로 가장 적절한 것은? [3점]

① 원조가 선택이 아니라 의무임을 간과하고 있습니다
② 원조는 보상 차원에서 실시되어야 함을 모르고 있습니다
③ 세계 시민주의의 차원에서 원조가 이루어져야 함을 모르고 있습니다
④ 정치·사회 제도의 개선이 빈곤 해결의 핵심 요건임을 간과하고 있습니다
⑤ 부유한 국가의 부가 빈곤한 국가로 이전되어야 함을 고려하지 않고 있습니다

19. (가)의 갑, 을, 병의 입장을 (나) 그림으로 표현할 때, A~D에 해당하는 적절한 진술만을 〈보기〉에서 있는 대로 고른 것은?

(가)	갑: 전 세계 사람들의 이익은 그 사람의 국적과 상관없이 동등하게 고려되어야 한다. 우리 모두는 세계 시민으로서 전 지구적 차원의 원조에 동참해야 한다. 을: 우리를 불가침의 개인들로 간주하는 정의로운 국가는 최소국가뿐이다. 원조는 개인의 자유로운 선택에 근거해야 한다. 병: 만민은 정의롭거나 적정 수준의 사회 체제로 나아가는 데 있어서 불리한 여건으로 인해 고통받고 있는 사회의 국민들을 도와야 한다.
(나)	〈범례〉 A: 갑만의 입장 B: 을만의 입장 C: 병만의 입장 D: 갑과 병만의 공통 입장

─────〈보기〉─────

ㄱ. A: 원조는 인류의 행복 증진을 위한 의무 이행이어야 한다.
ㄴ. B: 원조의 의무를 실행하기 위한 과세는 강제 노동과 같다.
ㄷ. C: 원조의 대상은 질서 정연한 빈곤국까지도 포함해야 한다.
ㄹ. D: 원조의 최종 목표는 국가 간의 경제적 불평등 해소이다.

① ㄱ, ㄴ   ② ㄱ, ㄹ   ③ ㄷ, ㄹ
④ ㄱ, ㄴ, ㄷ   ⑤ ㄴ, ㄷ, ㄹ

3) 2017학년도 7월 교육청 4번

4. 해외 원조에 대한 갑, 을 사상가들의 입장으로 옳은 것은? [3점]

> 갑: 만약 어떤 사회가 무질서로 인해 고통받고 있다면, 그 사회가 적정 수준의 정치 문화를 형성하여 질서 정연한 사회가 될 수 있도록 도와야만 한다.
>
> 을: 도움을 줌으로써 얻게 되는 이익이 비용보다 클 경우, 도움을 받는 사람이 어떠한 공동체에 속해 있든 상관없이 도움을 주어야 할 윤리적 의무를 가진다.

① 갑: 약소국에 대한 개인적 차원의 원조는 필요 없다.
② 갑: 인류의 균등한 복지 수준을 목표로 원조해야 한다.
③ 을: 개인적 삶의 개선보다 사회 구조를 개선해야 한다.
④ 을: 인류 전체의 행복 증진을 원조의 목적으로 삼아야 한다.
⑤ 갑, 을: 원조는 인도주의적 관점에서 자선으로 접근해야 한다.

국제 관계에 대한 두 가지 입장★★★★

각 입장의 특징과 공통점, 칸트의 국제 연맹에 대해 묻는 문제가 자주 출제된다.

현실주의 입장

국제 정치는 권력을 얻기 위한 투쟁이다. 국가는 자국의 안보를 가장 우선시하며, 어떤 행위가 국익 실현에 가장 효율적인지를 따진다.

- 인간의 본성은 이기적!
- 국가 또한 이기적!! → 인간들로 구성된 조직이기 때문
- 국가의 이익을 달성하기 위해선 전쟁도 가능하다는 입장!!!
  → 국제 사회에서 국가보다 상위의 중앙 권위체인 세계 정부가 존재할 수 없다!

이상주의 입장

평화는 무정부 상태를 규제하는 국제적 제도의 수립을 통해서만 보장될 수 있다. 안보는 세력 균형에 대한 맹신에만 맡길 수 없다.

- 인간은 이성적 & 합리적!
- 국가 또한 이성적 & 합리적!!
- 국제 분쟁은 국가 간의 오해나 잘못된 제도 때문
  → 국제기구 또는 국제법 같은 제도를 통해 평화 달성이 가능하다!

현실주의와 이상주의 공통점

- 국가를 국제 사회의 중요한 행위 주체로 본다.
- 국제 관계에서 평화를 실현할 수 있는 방법이 존재한다.

칸트의 영구 평화론

어떠한 독립 국가도 상속, 교환, 매매 혹은 증여에 의해 다른 국가의 소유로 전락될 수 없으며 상비군은 조만간 완전히 폐지되어야 한다. 또한 모든 국가는 다른 국가의 체제와 통치에 폭력으로 간섭해서는 안 된다.

- 국제 평화를 위해 국제법을 준수하는 국가들로 구성된 국제 연맹을 창설해야 한다.

개념 확인문제

다음에서 설명하는 내용 중 사실과 다른 것은 무엇인가?

① 현실주의 : 국가는 이기적인 존재이며, 국가의 이익을 위해 전쟁도 가능하다.

② 현실주의 : 국제 사회에서 세계 정부가 존재할 수 없다.

③ 이상주의 : 국제 분쟁은 국가 간의 오해나 잘못된 제도 때문이다.

④ 이상주의 : 국제기구 또는 국제법을 통해 평화를 달성할 수 있다.

⑤ 공통점 : 국제 관계에서 평화를 실현할 수 있는 방법이 존재한다.

1) 2017학년도 3월 교육청 13번

13. (가) 사상가의 입장에서 볼 때, (나)의 ㉠에 들어갈 진술로 가장 적절한 것은? [3점]

(가)	국내법의 관점에서 각 국가의 시민적 체제는 공화적이어야 하며, 국제법의 관점에서 자유로운 국가들의 연합으로서의 국제 연맹이 요구된다. 그리고 세계 시민법의 입장에서 모든 나라의 국민들이 어디든지 자유롭게 방문할 수 있도록 해야 한다.
(나)	_____㉠_____. 그러면 국제 평화가 실현될 수 있을 것이다.

① 다른 나라의 내정에 적극적으로 개입하라
② 모든 국가의 주권을 국제 연맹에 양도하라
③ 민족 국가의 구성원이 아닌 세계 시민으로 살아가라
④ 군사력을 바탕으로 하는 세력 균형 정책을 추구하라
⑤ 각 국가의 주권을 존중하면서 상호 협력을 도모하라

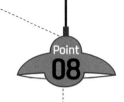

전쟁에 대한 세 가지 입장★★★★★

왈처의 정의전쟁론(자세한 내용은 Point 30을 참조할 것)

• 전쟁은 정의 실현을 위한 수단이 될 수 있다! But 도덕적
   제약을 받아야!!
• 정의 실현을 위한 수단 : 적국 방어, 부당하게 침해된 권
   리 회복, 인명의 보호 등
   → 전쟁은 반드시 권위를 지닌 당국에 의해 수행되어야
   한다.
   → 전쟁의 요건이 정당해도 사악한 의도가 아닌 올바른
   의도를 바탕으로 해야 한다.

현실주의의 입장

• 자국의 이익을 위해 불가피한 경우 전쟁을 할 수 있다!
  → 왜냐하면 오직 자국의 이익만 따지면 되기 때문. 도덕적 고려 필요 없다.

평화주의의 입장

• 전쟁은 어떠한 경우에도 도덕적 정당화 불가능 → 전쟁은 용납될 수 없다.

개념 확인문제

다음에서 설명하는 내용 중 사실과 다른 것은 무엇인가?

① 정의전쟁론 : 전쟁은 악(惡)을 바로잡기 위한 경우에만 정당화될 수 있다.

② 정의전쟁론 : 전쟁은 도덕적 제약을 받지만 정의 실현의 수단이 될 수 있다.

③ 현실주의 : 전쟁은 비도덕적인 행위이므로 어떤 경우에도 용납될 수 없다.

④ 현실주의 : 자국의 이익을 위해 불가피한 경우 전쟁을 할

수 있다.

⑤ 평화주의 : 전쟁은 도덕적 정당화가 불가능한 행위이다.

기출문제로 개념 다지기 ✏

1) 2017학년도 7월 교육청 7번

7. 갑, 을 사상가들의 입장에 대한 설명으로 옳은 것은? [3점]

> 갑: 정의와 평화를 회복하기 위한 최후의 수단으로 전쟁에 호
> 소하는 것은 필수불가결하다. 다만, 국제적인 경계를 넘는
> 무력 사용을 정당화하거나 강요까지 할 수 있으려면 전쟁
> 의 계기가 극단적 상황이어야 한다.
> 을: 어떠한 독립 국가도 상속, 교환, 매매 혹은 증여에 의해
> 다른 국가의 소유로 전락될 수 없으며 상비군은 조만간
> 완전히 폐지되어야 한다. 또한 모든 국가는 다른 국가의
> 체제와 통치에 폭력으로 간섭해서는 안 된다.

① 갑은 어떠한 종류의 전쟁도 정당화될 수 없다고 본다.
② 갑은 국가 간 전쟁은 도덕적 제약을 받아야 한다고 본다.
③ 을은 세계 정부의 강제력으로 분쟁을 해결해야 한다고 본다.
④ 을은 국가의 이기성으로 인해 평화는 실현될 수 없다고 본다.
⑤ 갑, 을은 국제기구가 평화 유지에 도움이 되지 못한다고 본다.

동서양의 자연관 비교 ★★★

서양은 도구적 관점, 동양은 공존의 관점이라는 대전제만 알고 있으면 쉽게 문제를 풀 수 있다.

동양의 유기체적 자연관

> 모든 존재와 현상은 원인과 조건이 서로 관계하여 성립하는 것
> 이다. 따라서 이 세상 어느 것도 독립하여 스스로 존재하는 것은
> 없다.

- 대승 불교의 연기* 설에 기초한 자연관
- 자연을 통제하지 말고 공존을 모색해야 한다는 입장

*연기 : 세상에 고정된 실체가 없으며 만물이 상호 의존 관계에 있다.

서양의 인간중심주의 자연관

> 자연은 인간의 욕구 충족을 위한 도구적 가치만을 지닌다. 따라서 자연이 인간에게 이로움을 줄 수 있도록 과학적 지식을 활용해야 한다.

- 인간은 자연보다 우월하고 귀한 존재
- 인간의 생존과 복지를 위해 자연을 개발하고 활용해야 한다.
- 자연을 도구적 성격으로 파악

개념 확인문제

다음의 설명 중 갑과 을의 입장에 대한 설명으로 가장 적절한 것은 무엇인가?

갑 : 인간중심주의   을 : 유기체적 자연관

① 갑 : 자연은 내재적 가치를 가지고 있다.

② 갑 : 인간에게 자연을 개발할 권리가 없다.

③ 갑 : 미래 세대를 위해 지속 가능한 개발을 해야 한다.

④ 을 : 자연은 내재적 가치를 지니기 때문에 보존해야 한다.

⑤ 을 : 인간은 자연보다 우월하고 귀한 존재이다.

1) 2015학년도 7월 교육청 15번

15. (가)의 갑, 을의 관점에서 (나)의 문제를 해결하기 위해 제시할 수 있는 주장으로 가장 적절한 것은?

(가)	갑: 자연은 인간의 욕구 충족을 위한 도구적 가치만을 지닌다. 따라서 자연이 인간에게 이로움을 줄 수 있도록 과학적 지식을 활용해야 한다. 을: 모든 존재와 현상은 원인과 조건이 서로 관계하여 성립하는 것이다. 따라서 이 세상 어느 것도 독립하여 스스로 존재하는 것은 없다.
(나)	○○연구소는 세계 각국의 무분별한 자원 개발과 환경 파괴 때문에 지구 온도가 지속적으로 상승하고 있다고 발표하였다. 또한 앞으로 지구 온도가 1℃ 이상 상승할 경우 15억 명 이상이 물 부족과 기아에 시달리게 되는 문제가 발생할 것이라고 경고하였다.

① 갑: 인간을 자연 생태계의 일부로 인식해야 한다.
② 갑: 자연이 지니고 있는 본래적 가치를 존중해야 한다.
③ 을: 자연을 통제하려 하지 말고 공존을 모색해야 한다.
④ 을: 인간은 자연의 주인으로서 책임 의식을 가져야 한다.
⑤ 갑, 을: 자연을 효율적으로 이용할 방안을 모색해야 한다.

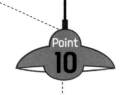

Point
10

관혼상제(관례, 혼례, 상례, 제례) ★★★

관혼상제의 개별 특징을 묻는 문제가 자주 출제된다.

관례

• 성인으로서의 의무와 권한을 부여하는 의례

혼례

• 남녀가 서로 결합해 가계(대대로 이어 내려온 한 집안의 계통)를 잇겠다고 서약하는 의례

상례(장례)

- 사람이 생을 마치는 상황에서 치르는 통과 의례
- 돌아가신 분을 생각하면서 근신하며 정성을 다해 기리는 의례
- 떠나보내는 슬픔을 절도 있게 드러내는 것
  예) 상을 치르다 또는 장례를 치르다

제례

- 죽은 조상을 추모하는 마음을 표현하는 것
- 기일(忌日)에 삼가고 절제하는 자세로 정성과 예를 다하는 의례
  예) 제사를 드리다

상례와 제례의 공통점

- 자신에게 생명을 부여한 존재에게 효를 표현하는 의례
  → 조상들은 죽음이 인간(혈연)관계의 소멸이라고 보지 않기 때문에 상례와 제례를 지냄

다음에서 설명하는 관혼상제에 대한 설명으로 사실과 다른 것은
무엇인가?

① 관례 : 성인으로서의 의무와 권한을 부여하는 의례

② 혼례 : 남녀가 서로 결합해 가계를 잇겠다고 서약하는 의례

③ 상례 : 생명의 근원인 자연에 감사를 표현하는 의례

④ 제례 : 죽은 조상을 추모하는 마음을 표현하는 의례

⑤ 제례 : 산자와 죽은 자의 혈연관계가 소멸되는 의례

1) 2015학년도 10월 교육청 15번

15. 그림은 서술형 평가 문제와 학생 답안이다. 학생 답안의 ㉠~㉤ 중 옳지 <u>않은</u> 것은? [3점]

서술형 평가

◎ **문제** : 전통 의례 (가), (나)의 특징과 의의를 서술하시오.

> (가) 남자는 20세 전후에 어른들 앞에서 상투를 틀고 관(冠), 두 건, 갓 등을 차례로 쓰며, 성인 이름인 자(字)를 받는다. 여 자는 15세 전후에 쪽을 찌고 비녀를 꽂는 의식을 치른다.
>
> (나) 남녀가 처음 만나 절하고 서로 술을 함께 나누는 예식을 치른 다. 상에는 화합을 상징하는 청색과 홍색의 촛대, 솔가지와 대나무, 수탉과 암탉, 밤과 대추 등을 차린다.

◎ **학생 답안**

　(가)는 ㉠사회 구성원으로서의 책임감을 일깨우고, ㉡성인으 로서 사회에 참여할 권리와 의무를 부여하는 의식이다. (나)는 ㉢서로 지켜야 할 사랑과 정절을 강조하고, ㉣음양론에 따라 위계질서를 세우기 위한 의식이다. (가), (나)는 ㉤통과 의례로 서 성숙한 인간으로 살아갈 것을 다짐하는 계기를 제공하였다.

① ㉠　　② ㉡　　③ ㉢　　④ ㉣　　⑤ ㉤

12 ㉠, ㉡에 대한 설명으로 옳은 것은?

주제 : 우리의 전통 의례

1. [㉠] : 죽은 조상을 추모하는 마음을 표현하는 것으로, 기일(忌日)에 삼가고 절제하는 자세로 정성과 예를 다하는 의례임.

2. [㉡] : 돌아가신 분을 떠나보내는 슬픔을 절도 있게 드러내는 것으로, 돌아가신 분을 생각하면서 근신하며 정성을 다해 기리는 의례임.

① ㉠은 성인으로서의 의무와 권한을 부여하는 의례이다.
② ㉠은 사람이 생을 마치는 상황에서 치르는 통과 의례이다.
③ ㉡은 생명의 근원인 자연에 감사를 표현하는 의례이다.
④ ㉡은 ㉠의 절차를 거쳐 일정 기간이 지난 후에 치르게 된다.
⑤ ㉠, ㉡은 삶을 도덕적으로 성찰하는 계기를 제공한다.

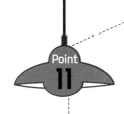

규범 윤리학과 메타 윤리학 ★★★★

규범 윤리학과 메타 윤리학의 특징과 초점에 대해 묻는 문제가 자주 출제된다.

규범 윤리학

- 특징 : 이론 규범 윤리학과 실천 규범 윤리학으로 나눠짐
  1) 도덕(규범)을 강조
  2) 주요 과제 : 도덕적 행위에 대한 논리적 분석과 정당화
     → 무엇을 해야만 하는가? 선악 판단의 기준은 무엇인가?
  3) 객관적이며 보편적인 목적이나 법칙 파악
  4) 판단의 근거가 되는 도덕 윤리를 체계화
  5) 도덕적 추론의 규칙을 검토

메타 윤리학

- 특징
  1) 인간의 삶을 안내하거나 도덕적 문제를 해결하는 데 관심이 없음
  2) 윤리학의 학문적 성립 가능성 검토 → 규범 윤리학의 무의미함 역설
  3) 주요 과제 : 도덕적 용어들의 개념을 분석, 도덕 추론의 타당성 입증과 정당화
     → 옳다, 그르다, 선하다, 악하다 등의 용어가 어떻게 사용되고 있는가?
  4) 메타 윤리학은 개념(이론)에 초점, 규범 윤리학은 행위에 초점

갑과 을의 입장으로 옳은 것을 고르시오.

- 갑 : 옳다, 그르다, 선하다, 악하다 등의 용어가 어떻게 사용되고 있는가?
- 을 : 무엇을 해야만 하는가? 선악 판단의 기준은 무엇인가?

① 갑 : 규범 윤리학 → 객관적이며 보편적인 목적이나 법칙인 도덕 규범이 있다.

② 갑 : 메타 윤리학 → 도덕적 문제를 해결하는 데 관심이 없다.

③ 을 : 규범 윤리학 → 도덕적 행위에 대한 논리적 분석과 정당화가 주요 과제다.

④ 을 : 메타 윤리학 → 윤리학의 학문적 성립 가능성을 검토한다.

1) 2017학년도 6월 평가원 1번

1. ⊙에 들어갈 진술로 가장 적절한 것은?

> 윤리학은 삶의 구체적인 상황에서 새롭게 대두되는 실천적 문제에 대한 해답을 제시해야 한다. 그런데 20세기 중반에 논리 실증주의의 영향을 받아 도덕 언어의 논리적 명료화에 주력하는 새로운 윤리학이 등장하였다. 당시 윤리학은 도덕 판단이 단지 감정의 표현이나 명령일 뿐이므로 무의미하다는 결론에 도달하기도 하였다. 나는 이러한 윤리학이 [⊙]고 생각한다.

① 도덕 판단의 근거가 되는 규범 체계의 필요성을 강조하였다
② 도덕적 추론에 대한 가치 중립적 분석의 중요성을 간과하였다
③ 도덕적 풍습을 있는 그대로 기술하는 것이 중요함을 강조하였다
④ 도덕 언어의 분석보다 도덕 문제의 해결이 중요함을 간과하였다
⑤ 도덕적 지식의 성립 가능성에 대한 탐구의 필요성을 간과하였다

이론 규범 윤리학과
실천 규범 윤리학 ★★★★★

개별 윤리학에 대한 특징과 차이점을 숙지하면 쉽게 문제를 풀 수 있다.

규범 윤리학 : 이론 규범 윤리학+실천 규범 윤리학

이론 규범 윤리학

• 윤리학은 성품이나 행위, 제도 등 윤리적 판단의 이론적 근거를 제공해야 한다.
• 핵심 탐구 과제 : 도덕적 행위를 정당화하는 객관적 도덕 법칙의 정립 → 도덕 법칙의 정당화와 이론적 분석을 중시
• 도덕적 언어[용어]를 분석하고 도덕적 추론의 타당성 입증과 정당화가 주요 과제인 메타 윤리학과 혼동하지 말 것!

실천 규범 윤리학(응용 윤리학)

- 이론 규범 윤리학을 토대로 현실의 구체적 문제 해결에 중점을 둔다.
- 핵심 탐구 과제 : 도덕적 이론을 구체적 삶에 적용하여 도덕 문제를 해결하는 것
   → 현실의 구체적 문제 해결을 위해 의학, 생명 과학 등 인접 학문과의 연계 중시

기술 윤리학

- 기술이란? → 사물의 내용을 기록해 서술한다는 의미
- 핵심 탐구 과제 : 각 문화권의 도덕 관습을 가치 중립적 입장에서 기술하는 것
   → 도덕 현상에 대한 경험 과학적인 접근을 강조
- 선택지에 '~을 기술한다', '서술 또는 기술을 중시한다'라는 형태로 나타남

다음 갑, 을, 병의 입장에 대한 설명으로 틀린 것을 고르시오.

- 갑 : 각 문화권의 도덕 관습을 가치 중립적 입장에서 기술한다.
- 을 : 현실의 구체적 문제 해결을 위해 의학, 생명 과학 등 인접 학문과의 연계 중시
- 병 : 도덕 법칙의 정당화와 이론적 분석을 중시한다.

① 갑 → 도덕 현상에 대한 경험 과학적인 접근을 강조

② 을 → 이론 규범 윤리학을 토대로 현실의 구체적 문제 해결에 중점을 둔다.

③ 을 → 도덕적 추론의 타당성 입증과 정당화가 주요 과제이다.

④ 병 → 도덕적 행위를 정당화하는 객관적 도덕 법칙의 정립이 탐구 과제이다.

⑤ 병 → 도덕적 이론을 구체적 삶에 적용하여 도덕 문제를 해결하는 것

1) 2017학년도 3월 교육청 1번

1. 갑, 을의 입장에 대한 옳은 설명을 <보기>에서 고른 것은?

> 갑 : 최근 안락사에 대한 사회적 관심이 급증하고 있습니다.
> 윤리학은 안락사와 관련된 사실들을 명확히 기술하고,
> 그 사실들 간의 인과 관계를 객관적으로 설명하는 것에
> 주안점을 두어야 합니다.
> 을 : 아닙니다. 윤리학은 도덕 원리와 새로운 의학 정보를 고
> 려하여 안락사의 허용 여부와 같은 구체적인 윤리 문제
> 를 해결하는 데 주안점을 두어야 합니다.

─── < 보 기 > ───

ㄱ. 갑은 도덕 현상에 대한 경험 과학적인 접근을 강조한다.

ㄴ. 을은 도덕 문제를 해결하기 위해 인접 학문과의 연계를
중시한다.

ㄷ. 갑은 을과 달리 객관적인 도덕 원리의 확립을 중시한다.

ㄹ. 을은 갑과 달리 도덕 언어의 분석을 윤리학적 탐구의 본
질로 간주한다.

① ㄱ, ㄴ ② ㄱ, ㄷ ③ ㄴ, ㄷ ④ ㄴ, ㄹ ⑤ ㄷ, ㄹ

2) 2017학년도 4월 교육청 10번

10. (가), (나)의 입장에 대한 설명으로 옳은 것은?

> (가) 윤리학은 도덕적 행위에 대한 이론적 분석과 정당화를 다룸으로써 현실의 윤리 문제를 해결하는 토대를 제공하며, 도덕 판단의 근거가 되는 도덕 원리를 체계화해야 한다.
> (나) 윤리학은 실제의 윤리적 문제 상황에서 윤리 이론을 적용하여 사람의 성품, 행위 등에 대한 윤리적 판단을 내려야 한다.

① (가)는 도덕 언어의 의미와 분석을 핵심 탐구 과제로 삼는다.
② (나)는 각 사회의 도덕적 관습의 객관적 기술을 주목적으로 삼는다.
③ (가)는 (나)와 달리 도덕 문제에 대한 구체적 해결책을 모색한다.
④ (나)는 (가)와 달리 보편적 도덕 법칙의 이론적 정립을 추구한다.
⑤ (가), (나)는 궁극적으로 바람직한 도덕적 삶의 방향을 제시한다.

3) 2017학년도 7월 교육청 1번

1. 갑, 을, 병의 입장에 대한 옳은 설명을 <보기>에서 고른 것은?

> 갑: 윤리학은 도덕적 언어의 의미 분석과 도덕적 추론의 타당성 입증을 본질로 삼아야 한다.
> 을: 윤리학은 성품이나 행위 또는 제도 등에 관한 윤리적 판단의 이론적 근거를 제공해야 한다.
> 병: 윤리학은 도덕 이론을 현실에 적용하여 실생활의 다양한 윤리적 문제들을 해결하는 데 힘써야 한다.

> ──────── <보 기> ────────
> ㄱ. 갑은 행위의 기준이 되는 규범 제시를 중시한다.
> ㄴ. 을은 도덕 법칙의 정당화와 이론적 분석을 중시한다.
> ㄷ. 병은 윤리학과 인접 학문과의 학제적 연계를 중시한다.
> ㄹ. 갑, 을은 다양한 도덕적 관습의 객관적 기술을 중시한다.

① ㄱ, ㄴ ② ㄱ, ㄷ ③ ㄴ, ㄷ ④ ㄴ, ㄹ ⑤ ㄷ, ㄹ

공리주의 ★★★★

공리주의와 안락사를 묶어 출제하는 경우가 잦다.

벤담과 밀

- 공리주의 대표 학자
- 모토 : 최대 다수의 최대 행복
- 벤담 유용성의 원리 : 최대 행복의 원리는 쾌락과 행복을 증가시키는 경향에 비례해 선, 불행을 증가시키는 경향에 비례해 악
  → 쾌락과 행복을 가져다주는 행위는 옳고 고통과 불행은 옳지 않다!
  예) 안락사 허용 → 환자의 고통과 가족의 경제적 부담을 줄일 수 있기 때문
- 장점 : 근대 민주주의 성립에 기여

• 난섬

    1) 개인 또는 소수의 권익 침해 가능

    2) 유용성을 따질 때 고려하는 범위에 없는 존재에 대해
       차별 가능

개념 확인문제

공리주의에 대한 설명으로 사실과 다른 것을 고르시오.

① 최대 행복의 원리는 쾌락과 행복을 증가시키는 경향에 비
   례해 선하다.

② 개인 또는 소수의 권익을 침해할 수 있는 단점이 있다.

③ 근대 민주주의 성립에 기여했다.

④ 공리주의는 안락사에 반대한다.

⑤ 유용성을 따질 때 고려하는 범위에 없는 존재에 대해 차별
   할 수 있다.

1) 2017학년도 7월 교육청 15번

15. (가) 사상의 관점에서 (나)의 A에게 해줄 수 있는 적절한 조언을 <보기>에서 고른 것은?

(가)	최대 행복의 원리는 행위의 선악을 판단할 때, 행복을 증가시키는 경향에 비례하여 선하고, 불행을 증가시키는 경향에 비례하여 악하다고 본다.
(나)	낭포성 섬유증으로 장기간 고통받고 있는 소녀는 회복이 불가능한 상황에서 인공호흡기를 착용하고 튜브로 영양을 공급받으며 생활하고 있다. 희망 없는 오랜 투병 생활에 지친 소녀와 경제적으로 곤궁에 처한 가족은 의사 A에게 안락사 허용을 요구하였다. A는 그 요구를 수용해야 할지 고민하고 있다.

─────── <보 기> ───────

ㄱ. 인간의 생명은 그 자체가 목적이므로 허용해서는 안 된다.
ㄴ. 환자가 지속적 고통에서 벗어날 수 있도록 허용해야 한다.
ㄷ. 환자 가족의 경제적 부담을 줄일 수 있도록 허용해야 한다.
ㄹ. 도덕 법칙에 대한 환자의 의무 의식을 존중해 허용해야 한다.

① ㄱ, ㄴ ② ㄱ, ㄷ ③ ㄴ, ㄷ ④ ㄴ, ㄹ ⑤ ㄷ, ㄹ

직업 윤리 ★★★★

> 문화권에 따른 직업 윤리의 차이에 대한 사상가들의 특징을 이해하면 나머지 문제는 정답의 키워드가 정해져 있기에 어렵지 않게 풀 수 있다.

문화권에 따른 직업 윤리의 차이

동양 문화권	서양(기독교) 문화권
정명(正名) 정신 강조 → 자신이 맡은 직분에 충실!	소명(召命) 의식 강조 → 근면/성실한 자세로 직업에 충실!
맹자의 직업 윤리 • 대인(덕을 갖춘 사람)은 다스리는 역할, 소인(백성)은 생산적 노동에 종사 • 소인(육체노동)과 대인(정신노동)은 서로를 위해 필요 → 사회적 분업 차원	칼뱅의 직업 소명설 • 하나님(신)께서는 사람들에게 일정한 일을 하도록 하셨다! → 자본주의 정신의 토대로 작용

직업 윤리에서의 정답 키워드

- 책임 : 예) 공직자와 기업이 지녀야 할 자세

  → 프리드먼의 주장에서는 예외

  프리드먼은 기업의 사회적 책임은 오직 이윤 극대화!
- 성실 : 예) 직업인의 윤리적 자세
- 검소(청렴) : 예) 공직자의 바람직한 자세에 대해 질문할 때
- 현실과 달리 아주 이상적이고 도덕적이며 교훈적인 내용을 찾으면 정답!

개념 확인문제

다음의 설명을 토대로 공무원이 가져야 할 직업 윤리와 거리가 먼 것은?

김영란법은 공무원이 직무 관련성이 없는 사람에게 100만 원 이상의 금품이나 향응을 받으면 형사 처분을 할 수 있다.

① 공무원은 사익보다 공익을 추구해야 한다.

② 직업적 양심을 갖고 공무를 수행해야 한다.

③ 객관적이며 공정하게 업무를 처리해야 한다.

④ 금품이나 향응은 적당히 받아야 한다.

⑤ 공과 사를 엄격히 구분해 업무를 처리해야 한다.

1) 2017학년도 3월 교육청 17번

17. 갑, 을 사상가들의 직업관에 대한 설명으로 가장 적절한 것은?

> 갑 : 모든 직업은 소명(召命)이며 노동은 신과 이웃에 봉사
> 하는 것이다. 인간 사회에 유익을 주는 것보다 더 신에
> 게 칭찬받을 만한 일은 없다.
> 을 : 사람들의 욕망에 비해 물건은 충분하지 않다. 따라서 사
> 람들을 분별해서 대우하는 예(禮)를 제정하고, 이를 바
> 탕으로 사람들에게 능력에 맞는 일을 주어야 한다.

① 갑은 부의 축적을 구원의 필수 조건으로 본다.
② 을은 역할 분담이 사회 질서 유지에 기여한다고 본다.
③ 갑은 을과 달리 육체노동보다 정신노동이 중요하다고 본다.
④ 을은 갑과 달리 직업을 통한 이웃 사랑의 실천을 강조한다.
⑤ 갑, 을은 물질적 부의 추구를 삶의 목표로 간주한다.

14. 갑, 을의 입장에 대한 설명으로 가장 적절한 것은? [3점]

> 갑 : 프로테스탄트의 금욕은 향락과 낭비를 막는다. 이러한
> 금욕으로 인해 재화의 획득이 구원의 증표로 정당화되었다.
> 금욕을 바탕으로 한 영리 활동이 근대 기업가의 소명이라면,
> 노동은 근대 노동자의 소명이다.
>
> 을 : 임금은 임금답고 신하는 신하다워야 한다. 임금이 나라를
> 다스릴 때에는 백성들의 신뢰를 얻어야 하며, 씀씀이를
> 줄이고 백성들을 사랑해야 한다. 신하는 먼저 맡은 직분을
> 경건히 수행하고 녹봉은 그 다음에 생각해야 한다.

① 갑은 경제적으로 부유하다면 일을 하지 않아도 된다고 본다.
② 갑은 금욕적 태도와 자본주의 정신이 양립 불가능하다고 본다.
③ 을은 직업을 통해 최대한의 이익을 추구해야 한다고 본다.
④ 을은 각자가 자기의 직분에 충실할 때 공동체가 유지된다고 본다.
⑤ 갑, 을은 부의 축적의 궁극적인 정당화 근거를 금욕에서 찾는다.

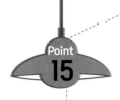

생명 과학과 생명 윤리 ★★★★

주로 인간 복제(배아)에 대한 문제 위주로 출제된다.

생명 과학과 생명 윤리

- 특징 : 상호 보완적 → 주종적 관계 X, 이원적 관계 X, 대립적 관계 X
- 필요성 : 생명 과학 기술의 바람직한 연구 및 활용
- 목표 : 생명의 존엄성 실현

장기 이식의 윤리적 문제

- 장기 분배의 원칙
  1) 공정성 : 장기 분배 시 기회의 균등

2) 효용성 : 이식 이후 경제적 유용성 고려, 대기자의 잔
여 생명, 조직의 적합성 등

생명 복제와 유전자 조작

- 동물 복제
  1) 찬성 : 희귀 동물 보존, 멸종 동물 복원, 우수한 품종
     개발과 유지
  2) 반대 : 자연의 질서 위배, 동물을 생명이 아닌 수단으
     로 여길 수 있다.
- 인간 복제
  1) 찬성 : 배아의 줄기세포를 활용해 불임 부부의 고통 등
     난치병 치료
  2) 반대 : 배아 역시 생명, 인간 복제는 인간의 고유성과
     존엄성 훼손
- 유전자 조작
  1) 찬성 : 식량 문제 해결, 사회적 행복 증진
  2) 반대 : 유전자 조작 식품의 위험성, 사회 정의 훼손(다
     국적 기업의 독점 등)

다음 강연자가 지지할 입장으로 거리가 먼 것은?

> 부모는 자녀 출산에 있어 선택의 자유를 누려야 합니다. 따라서 유전자에 대한 치료 목적의 의학적 간섭은 물론이고 유전자 개량을 위한 유전자 조작도 허용되어야 합니다.

① 유전자 조작을 통해 난치병을 치료할 수 있다.

② 배아는 아직 완전한 인간이 아니며 배아의 줄기세포는 불치병 치료에 필요하다.

③ 인간 복제는 인간의 고유성과 존엄성을 훼손한다는 의견이 있지만 장점이 더 많다.

④ 배아 복제는 그 과정에서 여성의 인권과 건강성을 훼손하기 때문에 막아야 한다.

⑤ 유전자 조작은 여러 단점이 있지만 현대 사회에서 필요한 행위이다.

1) 2017학년도 4월 교육청 12번

12. 다음 대화의 ㉠에 들어갈 말로 가장 적절한 것은? [3점]

> 갑: 수정 이후부터 전배아* 단계까지의 복제는 허용해야 합니다.
> 전배아는 아직 착상되기 진 단계로 착상 이후에야 인간은 개
> 체로서의 형성이 시작되기 때문입니다.
>
> 을: 아닙니다. 어느 시점부터 한 인간 개체로 존재했는지 묻는다
> 면 누구도 분명하게 말할 수 없습니다. 이렇게 본다면 어디
> 까지 복제를 허용할 수 있을지 불분명합니다. 미끄러운 경사
> 길에서 자동차를 옮기기 위해 받쳐 놓은 돌을 빼는 순간 예상
> 치 못한 지점까지 차가 미끄러지듯, 전배아 단계까지 복제를
> 허용하면 결국 태아 복제와 개체 복제로까지 이어집니다.
>
> 갑: 그렇지 않습니다. 전배아 단계까지의 복제는 허용하되 그 이
> 상의 단계로 넘어가는 것은 금지하는 방안을 마련해 시행함
> 으로써 그러한 우려는 막을 수 있습니다.
>
> 을: 결국 당신의 주장은 _____㉠_____
>
> *전배아: 수정된 이후 여자에게 착상되기 이전의 배아

① 인간의 발달은 연속된 하나의 과정임을 간과하고 있습니다.
② 전배아 단계는 인간 개체의 형성 이전임을 모르고 있습니다.
③ 인간 개체의 형성 시점의 파악이 불가능함을 강조하고 있습니다.
④ 전배아 복제가 개체 복제로 연결될 수 없음을 간과하고 있습니다.
⑤ 착상이 아닌 수정만이 인간 개체의 출발점임을 강조하고 있습니다.

과학 기술과 윤리 ★★★★

과학 기술의 가치 중립성에 대한 두 가지 입장만 이해하면 쉽게 문제를 풀수 있다.

과학 기술의 가치 중립성 강조

- 대표 학자 : 야스퍼스, 푸앵카레
- 내용
  1) 과학 기술은 주관적 가치가 개입될 수 없음(객관적 관찰과 실험에 근거)
  2) 과학 기술은 사실의 영역 → 윤리적 규제나 평가의 대상 X
  3) 과학 기술은 사회적 책임에서 자유 → 과학 기술을 활용한 사람들의 몫
  4) 과학 기술은 그 자체로 선하지도 악하지도 않다.

과학 기술의 가치 중립성 부정

- 대표 학자 : 하이데거
- 내용
  1) 과학 기술도 윤리적 검토 필요 → 가치적 판단에서 자유로울 수 없음
  2) 과학 기술은 인간과 자연에 미치는 영향이 커짐 → 발전 방향에 대한 심사숙고 필요
  3) 과학 기술은 인간의 존엄성 실현과 삶의 질 향상에 기여해야 함
  4) 과학자의 연구 과정과 그 결과를 활용하는 과정 → 사실의 영역 X

요나스의 책임 윤리

인류는 지구 상에 계속 존재해야 한다. 이를 위해서는 사고의 전환이 요청된다. 전통적 윤리는 인간적 삶의 전 지구적 조건과 종(種)의 먼 미래와 실존을 고려할 필요가 없었다. 그러나 이제 우리는 자연에 대한 책임, 미래 지향적 책임, 미래 세대의 삶의 조건에 대한 책임까지 숙고해야 한다. 이러한 책임은 단순히 상호적 권리와 의무로만 설명될 수 없다. 우리에게 요청되는 책임은 자녀에 대한 부모의 책임처럼 일방적이고 절대적인 책임이다.

- 인간만이 자연에 대해 책임을 질 수 있다.
  → 따라서 인간만이 책임을 가진다.

다음 사상가에 대한 설명으로 옳은 것은 무엇인가?

인류는 지구상에 계속 존재해야 한다. (중략) 이제 우리는 자연에 대한 책임, 미래 지향적 책임, 미래 세대의 삶의 조건에 대한 책임까지 숙고해야 한다. 이러한 책임은 단순히 상호적 권리와 의무로만 설명될 수 없다. 우리에게 요청되는 책임은 자녀에 대한 부모의 책임처럼 일방적이고 절대적인 책임이다.

① 미래 세대는 책임에서 자유롭다.

② 인간에게 요청되는 책임은 선택적인 책임이다.

③ 인간만이 자연에 대해 책임을 질 수 있다는 주장에 반대한다.

④ 인간만이 자연에 대한 책임을 가진다.

⑤ 인류는 계속 존재해야 함으로 생존을 위해서는 자연을 파괴해도 된다.

1) 2017학년도 3월 교육청 11번

11. ㉠에 들어갈 내용으로 가장 적절한 것은?

> 갑 : 과학자는 자신의 연구 결과가 미칠 영향을 일반인들보
> 다 더 잘 예측할 수 있습니다. 그러므로 과학자는 자신
> 의 연구 결과에 대한 사회적 책임을 져야 합니다.
>
> 을 : 아닙니다. 과학자는 자연을 탐구하여 과학적 진리를 발
> 견하려 할 뿐이며, 그것이 사회에 어떤 영향을 미칠지에
> 대해서는 생각할 필요가 없습니다. 따라서 과학자의 연
> 구가 사회적으로 부정적인 결과를 낳았다 하더라도, 그
> 것에 대해 과학자가 책임질 이유는 없습니다.
>
> 갑 : 그렇다면 당신은 [　　　　　㉠　　　　　](라)는
> 점을 간과하고 있군요.

① 과학 기술은 윤리적 평가의 대상이 아니다
② 과학자의 활동은 사회와 독립해서 이루어질 수 없다
③ 과학자의 책임의 범위는 실험실 내로 한정되어야 한다
④ 과학 기술의 활용 여부는 가치 중립적으로 결정되어야 한다
⑤ 과학 기술의 발견 및 활용의 단계에서 가치가 개입되어서는
안 된다

8. (가)의 주장을 (나) 그림으로 나타낼 때, ㉠에 대한 반론의 근거로 가장 적절한 것은? [3점]

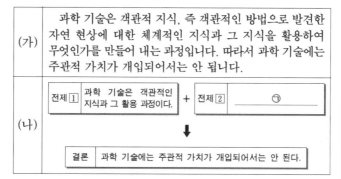

① 과학 기술은 객관적인 기준에 의해서만 평가되어야 한다.
② 모든 지식은 활용의 맥락에서 주관적 도덕 판단을 요구한다.
③ 과학적 사실과 주관적 가치는 별개의 독립된 영역에 속한다.
④ 모든 지식은 객관적 진위를 판별할 수 있는 인식론적 대상이다.
⑤ 객관적 지식의 활용은 그 목적 설정을 위해 가치 판단을 배제해야 한다.

3) 2017학년도 7월 교육청 2번

2. 갑, 을, 병이 서로에게 제기할 수 있는 반론으로 가장 적절한 것은?

> 갑: 과학 기술 연구에 대한 도덕적 평가는 무의미하다. 과학 기술은 그 자체로 선하지도 악하지도 않은 수단일 뿐이다.
> 을: 과학 기술은 인류의 행복을 위협하고 있다. 지금이라도 모든 과학 기술을 거부하고 자연의 순리에 따라야 한다.
> 병: 과학 기술은 윤리적 의도에서 시행되는 감시와 통제를 받아들일 필요가 있고, 과학 기술자는 연구 결과에 대한 사회적 책임을 져야 한다.

	~이	~에게	반론 내용
①	갑	병	과학 기술이 연구 의도와 다르게 악용될 수 있음을 간과하고 있다.
②	을	갑	과학 기술이 인간 삶의 질을 개선하는 데 기여해야 함을 모르고 있다.
③	을	병	과학 기술의 진보가 현대 사회의 문제를 해결할 수 있음을 모르고 있다.
④	병	갑	과학 기술의 연구와 개발에 도덕적 가치가 개입된다는 것을 간과하고 있다.
⑤	병	을	과학 기술의 개발 과정에서 윤리적 견해를 배제해야 함을 지나치게 강조하고 있다.

Point
17

종교와 윤리 ★★★★★

주로 종교와 과학 간의 공존을 모색하자는 취지로 출제된다.

종교와 과학 간의 갈등

• 갈등 사례 : 창조론과 진화론, 천동설과 지동설, 인간 복
  제 등
• 해결 방안
  1) 서로 간에 다른 영역임을 인정
     과학 : 사실의 영역(관찰과 실험)
     종교 : 신앙의 영역(초월적 대상)
  2) 조화롭게 공존 : 진리 추구라는 공통점

종교와 과학 간의 갈등을 해결하는 자세로 틀린 것은 무엇인가?

① 진리 추구라는 공통점이 있기 때문에 조화롭게 공존을 모색한다.

② 과학과 종교는 서로 산에 나른 엉역임을 인정한다.

③ 과학의 힘으로 해결할 수 없는 영역이 있음을 인정한다.

④ 종교를 통해 과학의 폐해를 극복해야 한다.

1) 2017학년도 4월 교육청 9번

9. 그림의 가상 편지에 제시된 사상적 관점에서 지지할 주장으로 옳은 것은?

> 친애하는 ○○에게
>
> 과학이 발달할수록 오직 객관적 지식만이 진리의 진정한 원천이라고 주장하는 사람들이 늘고 있다네. 이들은 현재의 과학이 설명하지 못하는 현상은 과학을 발전시켜 해결해야지, 이를 종교적인 것으로 간주해 버린다면 영원히 이해를 포기하게 된다고 주장한다네. 하지만 이는 두 영역이 NOMA*로서 존재함을 모르는 것이라네. 과학이 경험적 우주의 영역을 포괄한다면 종교는 초자연적 실재와 관련된 도덕적 물음으로 가득 차 있다네. 이러한 깨달음은 윤리적 지평과 지적인 지평 모두에 근원적 지위를 주는 동시에 둘 모두를 명확히 나누어 준다네. 이와 같은 상호 겸손은 우리가 살고 있는 세계에 꼭 필요한 것이라네. …(후략)…
>
> *NOMA(non-overlapping magisteria): 겹치지 않는 앎의 영역

① 과학을 통해 종교의 폐해를 극복해야 한다.
② 종교가 모든 영역에서 진리의 원천이 되어야 한다.
③ 과학적 진리는 종교적 진리보다 우위에 있어야 한다.
④ 종교적 진리는 과학적 방법을 통해 입증되어야 한다.
⑤ 과학과 종교는 독립적인 영역으로서 존중되어야 한다.

2) 2017학년도 7월 교육청 18번

18. 갑이 을에게 제기할 수 있는 반론으로 가장 적절한 것은?

> 갑: 가장 큰 수수께끼는 왜 무엇인가가 존재하느냐는 것이다. 방정식들에 생명을 불어넣고 그것들을 현실 우주로 구현 시킨 것이 무엇일까? 그러한 질문에 대한 해답은 과학 너 머에 있다. 그것은 철학과 종교의 영역이다.
>
> 을: 내 안에 종교적인 어떤 것이 있다면 그것은 과학이 밝혀 낼 수 있는 세계의 구조에 대한 무한한 찬탄이다. 현대 과학은 이미 여러 문제를 해결해 냈으며, 우주에 관한 모 든 의문들은 미래 과학의 힘으로 풀릴 것이다.

① 과학은 인간에게 어떤 도움도 주지 못한다.
② 과학으로 모든 현상의 해답을 얻을 수는 없다.
③ 과학의 영역과 종교의 영역은 구분될 수 없다.
④ 과학은 신의 존재를 이성적으로 해명할 수 있다.
⑤ 종교적 관점으로 과학 법칙을 이해하기에는 한계가 있다.

예술과 윤리 ★★★★★

예술에 대한 도덕주의와 심미주의 관점의 특징만 알면 쉽게 풀 수 있다.

도덕주의

- 대표 학자 : 플라톤, 톨스토이 등
- 특징
  1) 인간의 올바른 도덕성을 기르고 교훈을 제공하는 데 예술의 목적
     → 인간의 올바른 품성 형성과 공동체 질서 유지에 기여해야 한다!
  2) 예술의 사회적 영향력 강조 → 예술의 공공성과 도덕성 강조

심미주의

- 대표 학자 : 와일드, 스핑건 등
- 특징
  1) 예술의 본질은 오직 예술 안에서!(사회의 요구를 반영할 필요 없다!)
     → 왜냐하면 미적 가치와 도덕적 가치는 무관하기 때문!
  2) 윤리 등 다른 것을 위한 수단으로 취급 금지

개념 확인문제

예술에 대한 윤리적 관점으로 사실과 다른 것은 무엇인가?

① 도덕주의와 심미주의 관점이 있다.

② 심미주의 : 예술의 사회적 영향력 강조

③ 도덕주의 : 예술은 인간의 올바른 품성 형성과 공동체 질서 유지에 기여해야 한다.

④ 심미주의 : 예술은 윤리 등 다른 것을 위한 수단이 되어서는 안 된다.

⑤ 도덕주의 : 예술의 공공성과 도덕성 강조

1) 2017학년도 4월 교육청 3번

3. (가)의 입장에 비해 (나)의 입장이 갖는 상대적인 특징을 그림의
  ㉠~㉢ 중에서 고른 것은? [3점]

> (가) 훌륭한 작품이 주는 미(美)의 영향이란 신선한 공기를 몰
>   고 와서 건강을 안겨 주는 바람처럼 젊은이들의 귀와 눈을
>   적셔 이성(理性)의 아름다움에 동경을 갖게 하는 것이다.
> (나) 예술가는 아름다운 것을 창조해 내는 사람이다. 예술가가
>   다른 사람의 욕구를 만족시키려는 순간, 그는 예술가이기
>   를 포기하는 것이다. 윤리적 공감은 예술가의 독창성을 잃
>   게 하는 것이므로 필요 없다.

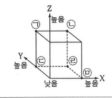

> • X: 예술이 사회적 요구를 반영해야 함을 중시하는 정도
> • Y: '예술 그 자체를 위한 예술'의 추구를 강조하는 정도
> • Z: 예술을 통한 인간의 올바른 품성 형성을 중시하는 정도

① ㉠   ② ㉡   ③ ㉢   ④ ㉣   ⑤ ㉤

20. 갑, 을의 입장에 대한 옳은 설명을 〈보기〉에서 고른 것은?

> 갑: 예술 세계에서는 어떤 거짓말도 허용된다. 중요한 것은 오차 없는 진실이 아니라 아름다운 거짓이다. 아름다운 것에서 추악한 의미를 발견하는 사람은 타락한 사람이다. 아름다운 것에서 아름다운 의미를 발견하는 사람은 교양 있는 사람이다.
>
> 을: 최고의 예술은 질서와 사랑을 통해 구현되며, 반항적이고 저급한 피조물을 거룩하게 만든다. 예술의 목적은 인간의 종교를 강화하고, 인간의 윤리적 상태를 완전하게 만드는 데 있다. 예술은 이런 일들을 물질적으로 구현하는 것이다.

> ───────── 〈보 기〉─────────
> ㄱ. 갑은 예술의 본질을 오직 예술 안에서 찾아야 한다고 본다.
> ㄴ. 을은 예술이 이상과 현실의 분리를 강조해야 한다고 본다.
> ㄷ. 을은 도덕적 목적이 예술 작품으로 구현되어야 한다고 본다.
> ㄹ. 갑, 을은 예술이 공동체의 질서 유지에 기여해야 한다고 본다.

① ㄱ, ㄴ　　② ㄱ, ㄷ　　③ ㄴ, ㄷ　　④ ㄴ, ㄹ　　⑤ ㄷ, ㄹ

3) 2017학년도 7월 교육청 5번

5. 갑의 입장에 비해 을의 입장이 갖는 상대적 특징을 그림의
　㉠~㉤ 중에서 고른 것은? [3점]

> 갑: 예술가는 아름다운 것을 창조해 내는 사람으로 그 어떤
>　　것이든 표현할 수 있다. 예술가에게 사유와 언어는 예술
>　　의 도구이며, 악덕과 미덕은 예술을 위한 소재일 뿐이다.
> 을: 음악은 단순한 즐거움의 차원을 넘어 영혼의 교육과 완성
>　　을 목표로 해야 한다. 음악의 일차적 역할은 인격을 세우고
>　　윤리적 행동을 고무하는 교육을 행하는 것이다.

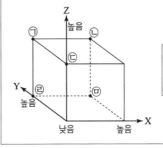

- X : 예술의 자율성 강조 정도
- Y : 예술의 공공성 강조 정도
- Z : 예술과 도덕의 관련 정도

① ㉠　　　② ㉡　　　③ ㉢　　　④ ㉣　　　⑤ ㉤

삶과 죽음의 윤리★★★★

동양의 죽음에 대한 입장

- 장자/도교 사상
  1) 삶과 죽음을 계속 반복이 아닌 기(氣)의 모임과 흩어짐으로 이해
  2) 삶과 죽음은 사계절의 변화와 같이 자연스러운 변화의 과정
     → 삶과 죽음에 차별이 없기에 죽음에 초연해야 한다!
- 공자/유교 사상
  1) '삶을 아직 모르는데 어떻게 죽음을 알겠는가?'
     → 죽음보다는 현세에서의 도덕적으로 실천하는 성실한 삶 강조

2) '귀신을 공경하되 멀리하는 것이 지혜로움' 주장
- 장자와 공자의 공통점 : 내세에서 더 나은 삶을 위해 현세에서의 도덕적 실천을 강조하지 않는다.

서양의 죽음에 대한 입장

- 에피쿠로스

> 죽음이 두려운 일이 아니라는 사실을 진정으로 깨달은 사람은 살아가면서 두려워할 것이 없다. 우리가 존재하는 한 죽음은 우리와 함께 있지 않고, 죽으면 이미 우리는 존재하지 않기 때문이다.

1) 죽음을 두려워할 필요가 없다!
   → 왜냐하면 살아 있는 동안 죽음을 경험할 수 없기 때문
2) 사람은 죽으면 모든 감각이 사라져 어떤 것도 느낄 수 없다.

- 플라톤

> 순수한 영혼의 상태에 있을 때 우리는 이데아를 온전히 파악할 수 있다. 우리는 육체로부터 떠났을 때에야 오로지 영혼만을 사용하여 사물 그 자체를 볼 수 있다.

1) 영혼은 죽음을 통해 영원불변한 이데아의 세계로 들어감

낙태의 윤리적 쟁점

- 낙태 찬성 이유
  1) 태아는 인격체가 아닌 임신부의 신체 일부분
  2) 여성은 자신의 삶을 자율적으로 결정할 수 있다.
  3) 여성은 자기방어와 정당방위의 권리가 있다.
     → 일정한 조건에서는 낙태할 권리가 있다.
- 낙태 반대 이유
  1) 태아는 인간과 동일한 생명과 지위를 지닌 존재
  2) 태아는 잘못이 없는 인간
     → 잘못이 없는 인간을 죽음으로 내모는 것은 비도덕적

다음 사상가들의 죽음에 대한 입장으로 사실과 다른 것은 무엇인가?

① 장자 : 삶과 죽음은 사계절의 변화와 같이 자연스러운 변화

② 공자 : 죽음보다는 현세에서의 도덕적으로 실천하는 성실한 삶 강조

③ 에피쿠로스 : 사람은 죽으면 모든 감각이 사라져 어떤 것도 느낄 수 없다.

④ 플라톤 : 영혼은 죽음을 통해 영원불변한 이데아의 세계로 들어감

⑤ 장자/공자 : 내세에서 더 나은 삶을 위해 현세에서의 도덕적 실천 강조

1) 2017학년도 3월 교육청 5번

5. ㉠에 들어갈 내용으로 가장 적절한 것은?

> 갑 : 당신은 낙태가 허용되어야 한다고 생각하시나요?
> 을 : 저는 그렇게 생각하지 않습니다. 왜냐하면 태아는 성숙
>   한 인간이 될 잠재성을 지니고 있고, 태아와 성인은 유
>   전적으로 동일하여 태아는 온전한 인간으로서의 지위를
>   지니기 때문입니다.
> 갑 : 그렇다면 당신은 [㉠   ](라)고 보는군요.

① 태아는 성인과 달리 제한된 지위를 갖는다
② 낙태는 태아가 지닌 인간으로서의 존엄성을 침해한다
③ 태아의 생명보다는 임신부의 자기 결정권을 존중해야 한다
④ 낙태는 법적으로 금지되지만 도덕적으로는 허용될 수 있다
⑤ 태아는 완전한 인격체가 아니므로 도덕적 고려 대상이 아니다

2) 2017학년도 3월 교육청 15번

15. 갑은 긍정, 을은 부정의 대답을 할 질문으로 옳은 것은? [3점]

> 갑 : 죽음이 두려운 일이 아니라는 사실을 진정으로 깨달은
>   사람은 살아가면서 두려워할 것이 없다. 우리가 존재하
>   는 한 죽음은 우리와 함께 있지 않고, 죽으면 이미 우리
>   는 존재하지 않기 때문이다.
> 을 : 순수한 영혼의 상태에 있을 때 우리는 이데아를 온전히
>   파악할 수 있다. 우리는 육체로부터 떠났을 때에야 오로
>   지 영혼만을 사용하여 사물 그 자체를 볼 수 있다.

① 죽음 이후에 인간은 어떤 것도 인식하지 못하는가?
② 죽음은 살아 있는 동안 자신이 했던 행위에 대한 벌인가?
③ 죽음을 통해 육체로부터 벗어나 참된 지혜를 얻을 수 있는가?
④ 죽음은 신과 하나 되기 위해 통과해야 하는 필수적 관문인가?
⑤ 죽음은 피할 수 없는 고통이므로 의연하게 받아들여야 하는가?

3) 2017학년도 4월 교육청 15번

15. 갑, 을의 입장에서 볼 때, 질문에 모두 바르게 대답한 것은?

> 갑: 태아는 임신부의 신체 중 일부이므로 낙태의 허용 여부는 임신부의 자유로운 결정에 맡겨야 한다. 또한 태아는 인격체가 아니므로 인격체와 같은 생명의 권리를 갖지 못한다.
>
> 을: 태아는 수정과 동시에 생명을 갖는 인간으로 여겨야 한다. 태아는 수정된 순간부터 인간과 동일한 지위를 지닌 존재이므로 낙태를 전적으로 임신부의 결정에 맡기면 안 된다.

	질문	대답	
		갑	을
①	태아는 완전한 인격체로서의 지위를 갖는가?	예	예
②	임신부는 태아에 대한 실질적 소유권을 지니는가?	아니요	예
③	태아의 생명도 인간의 생명과 같이 존엄한 것인가?	예	아니요
④	낙태는 죄 없는 인간을 죽이는 결과를 가져오는가?	아니요	아니요
⑤	임신부는 낙태를 자유롭게 선택할 권리를 지니는가?	예	아니요

4) 2017학년도 6월 평가원 4번

4. 동양 사상가 갑, 을의 입장으로 가장 적절한 것은?

> 갑: 삶과 죽음은 차별이 없는데, 어찌 그것을 근심하겠는가? 만물은 하나이나 사람들은 아름다운 것을 신기하다 하고 추악한 것을 썩어 냄새난다고 한다. 썩어 냄새나는 것이 신기한 것이 되고 신기한 것이 다시 썩어 냄새나는 것이 되는 법이다.
>
> 을: 사람도 잘 섬기지 못하면서 어떻게 귀신 섬기는 일을 할 수 있겠으며, 삶도 아직 알지 못하거늘 어떻게 죽음을 알 수 있겠는가? 백성이 의롭게 되는 일에 전력을 다하고, 귀신을 공경하되 멀리하는 것이 지혜로움이라고 할 수 있다.

① 갑: 삶과 죽음은 계속 반복되므로 분별되어야 한다.
② 갑: 삶과 죽음은 좋아하거나 싫어할 대상이 아니다.
③ 을: 현실적 삶을 긍정하고 제사 의례를 근절해야 한다.
④ 을: 죽음의 공포를 극복하기 위해서 의로움에 힘써야 한다.
⑤ 갑, 을: 현세에서의 도덕적 실천이 내세에서의 삶을 결정한다.

가족, 친구, 이웃 관계의 윤리 ★★★★★

유학은 뭐고? 또 유교는 뭐지?

- 유학(儒學) : 선비 유(儒)에 배울 학(學) → 선비가 배우는 학문

  중국의 공자 사상을 근본으로 정치 · 도덕의 실천을 중시하는 전통 학문
- 유교(儒敎) : 선비 유(儒)에 가르칠 교 (敎) → 유학의 가르침
- 특징

  1) 효도 강조 → 사람들에게 예(禮)를 지키고 순종하는 도리 강조, 예(禮)를 배우지 아니하면 설 자리가 없고, 예를 알지 못하면 성공할 수 없다.

> **사서오경**
> 유학의 경전으로 '논어/맹자/대학/ 중용'을 의미함

2) 효와 우애의 정신을 이웃과 사회로 확대해야 한다.

기출문제로 개념 다지기

1) 2017학년도 3월 교육청 10번

10. 다음 사상의 관점에서 긍정의 대답을 할 질문으로 옳은 것은?

> ○ 사람들에게 사랑하는 도리를 가르치는 데는 효도보다 좋은 것이 없고, 사람들에게 예(禮)를 지키고 순종하는 도리를 가르치는 데는 우애보다 좋은 것이 없다.
> ○ 우리 집 노인에 대한 공경이 다른 집 노인에게도 미치고, 우리 집 아이에 대한 사랑이 다른 집 아이에게도 미치게 되면, 천하를 손바닥 위에 올려놓은 듯 다스릴 수 있다.

① 가족에 대한 사랑을 사회로 확대해 나가야 하는가?
② 사회 윤리는 가정 윤리와 관계없이 성립될 수 있는가?
③ 내 부모와 남의 부모를 구분하지 않고 사랑해야 하는가?
④ 충과 효가 충돌할 경우에는 항상 충을 우선시해야 하는가?
⑤ 이웃 사랑을 바탕으로 부모와 형제자매를 사랑해야 하는가?

10. (가) 사상의 관점에서 (나)의 세로 낱말 (A)에 대한 설명으로 옳은 것은?

(가)	지자(知者)는 마음이 미혹(迷惑)되지 않고 인자(仁者)는 근심하지 않으며 용자(勇者)는 두려워하지 않는다. 예(禮)를 배우지 아니하면 설 자리가 없고, 예를 알지 못하면 성공할 수 없다.
(나)	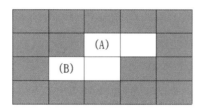 **[가로 열쇠]** (A): 친구 사이의 정 (B): 모든 사람을 널리 평등하게 사랑함. ○○주의 **[세로 열쇠]** (A): …… 개념

① 동기간(同氣間)에 지켜야 하는 상호 호혜적인 덕이다.
② 음양의 조화로 맺어진 횡적 관계에서 지켜야 할 덕이다.
③ 생명을 주고받은 수직 관계에서 연장자가 베푸는 덕이다.
④ 자식이 부모를 봉양(奉養)하고 그 뜻을 실천하는 덕이다.
⑤ 보본(報本) 의식을 토대로 조상의 은혜에 보답하는 덕이다.

정보 사회와 윤리★★★★★

정보 공유론과 정보 사유론

• 정보 공유론
  1) 정보의 배타적 소유권을 불인정 → 정보의 공공재적 성격 강조
  2) 정보의 자유로운 복제와 배포 허용 → 정보는 공유 자산

• 정보 사유론
  1) 정보 창작자의 배타적 권리(지적 재산권) 보장
    → 창작 의욕 고취를 통해 양질의 정보 산출에 기여
  2) 정보의 자유로운 복제와 배포 금지 → 정보는 사유 자산

잊힐 권리와 알 권리

- 잊힐 권리 : 원하지 않는 민감한 정보가 공개되지 않도록 정보 통제
- 알 권리 : 누구나 자유롭게 정보에 접근 → 알아야 할 정보 삭제 금지

1) 2017학년도 3월 교육청 7번

7. (가), (나)의 입장에서 볼 때, 질문에 모두 바르게 대답한 것은?

> (가) 정보에 대한 창작자의 소유권을 인정하게 되면 새로운 창작이 이루어지기 어렵다. 정보의 지속적인 발전을 위해 정보의 사적 소유를 인정하면 안 된다.
>
> (나) 정보에 대한 창작자의 소유권을 보장해야 한다. 그럴 경우 창작되는 정보의 수준이 높아지고 더 많은 지적 산물이 창조될 수 있다.

	질문	(가)	(나)
①	지적 재산은 인류 전체가 함께 누려야 할 공공재인가?	예	예
②	지적 재산권을 인정하면 창작 의욕을 높일 수 있는가?	예	아니요
③	정보의 배타적 소유권을 인정하면 정보 생산성이 저하되는가?	예	아니요
④	양질의 정보를 생산할 수 있는 환경 조성이 필요한가?	아니요	예
⑤	창작자에 의해 생산된 정보를 사유 재산으로 보호해야 하는가?	아니요	아니요

2) 2017학년도 4월 교육청 4번

4. (가)의 갑, 을의 입장을 (나) 그림으로 표현할 때, A ~ C에 해당하는 옳은 진술만을 <보기>에서 있는 대로 고른 것은?

(가)	갑: 정보를 얻고 활용할 기회는 모든 사람에게 개방되어야 한다. 다만 정보 창작자의 노력에 대한 경제적 보상이 더 좋은 정보의 산출에 기여하므로 정당한 대가를 지불하고 정보를 사용하도록 해야 한다. 을: 정보는 나눌수록 그 가치가 커지므로 모든 정보는 무료로 배포되어야 한다. 정보가 공유된다면 양질의 정보 생산과 활용이 더욱 활발해질 것이다.
(나)	 <범 례> A: 갑만의 입장 B: 갑, 을의 공통 입장 C: 을만의 입장

〈 보 기 〉

ㄱ. A: 정보 창작자에 대한 지적 재산권은 보호되어야 한다.
ㄴ. B: 정보에 대한 접근 기회는 누구에게나 열려 있어야 한다.
ㄷ. B: 정보 소유권을 폐지하여 정보 격차 문제를 해소해야 한다.
ㄹ. C: 정보를 모두가 누려야 할 공유 자산으로 보아야 한다.

① ㄱ, ㄴ　　　　② ㄴ, ㄷ　　　　③ ㄷ, ㄹ
④ ㄱ, ㄴ, ㄹ　　　⑤ ㄱ, ㄷ, ㄹ

6. 갑, 을의 입장에 대한 옳은 설명을 〈보기〉에서 고른 것은?

> 갑: 장발장은 전과자 신분을 숨기고 시장이 되었어. 하지만 정보 사회에서는 사람들이 잊거나 지우고 싶은 정보가 인터넷에 남아 있어서 타인이 볼 수 있지. 따라서 자신이 원하지 않는 정보를 삭제할 수 있는 '잊힐 권리'를 보장해야 해.
>
> 을: 장발장이 아무리 시민을 위해 봉사했다 하더라도 그를 시장으로 뽑을 때 사람들이 그의 과거를 알아야만 했다고 봐. 정보 사회에서는 누구나 그러한 정보에 접근할 수 있어야 하지. 사람들이 알아야 할 정보라면 삭제를 금지해야 해.

〈 보 기 〉
> ㄱ. 갑: 개인에게 자기 정보에 대한 삭제권이 있어야 함을 주장한다.
> ㄴ. 갑: 잊힐 권리 보장이 알 권리 침해로 이어짐을 강조한다.
> ㄷ. 을: 사생활 보호가 공익을 위해 제한될 수 있음을 주장한다.
> ㄹ. 갑, 을: 자기 정보에 대한 배타적 관리권이 절대적임을 강조한다.

① ㄱ, ㄴ ② ㄱ, ㄷ ③ ㄴ, ㄷ ④ ㄴ, ㄹ ⑤ ㄷ, ㄹ

12. 칼럼의 ㉠에 들어갈 내용으로 적절하지 <u>않은</u> 것은?

○○신문　　　　　　　　　　　　○○○○년 ○월 ○일

칼 럼

　최근 타인의 저작물을 마음대로 사용하여 돈까지 벌려는 카피세프트 (copytheft) 현상이 사회적 문제로 대두되면서 지적 재산권을 강화해야 한다는 목소리가 커지고 있다. 물론 지적 재산권에 대한 강화는 계층 간의 정보 격차를 심화시킬 수 있다. 그러나 정보 양극화가 심화될지라도 정보 사회에서 정보 창작자의 권리는 당연히 보장되어야 한다. 이를 위해서는

　　　　　　　　　㉠　　　　　　　　　 …(후략)…

---

① 정보 소유에 대한 배타적 권리를 보장해야 한다.
② 지식과 정보의 공공재적 성격을 강화시켜야 한다.
③ 타인의 저작물 도용 및 표절 행위를 처벌해야 한다.
④ 정보 창작자에 대한 적절한 보상이 이루어져야 한다.
⑤ 타인의 지적 창작물에 대한 존중 의식을 함양해야 한다.

우정에 대한 이해 ★★★

아리스토텔레스의 우정에 대한 이해

우정에는 각기 대응하는 사랑이 존재한다. 이로움 때문에 사랑하는 사람들은 서로를 그 자체로 사랑하는 것이 아니라 상대로부터 어떤 좋음이 생기는 한 사랑하는 것이다. 즐거움 때문에 사랑하는 사람들은 상대방이 어떤 사람이라서가 아니라 즐거움을 주기 때문에 사랑한다. 완전한 우정은 덕에 있어 닮은 선한 사람들의 우정으로 이 경우에만 서로 잘되기를 바란다. 그들은 그 자체로서 좋은 사람들이기 때문이다.

• 우정은 이익, 즐거움, 덕을 이유로 생겨난다.
• 진정한 친구 관계 또는 완전한 우정?
  → 이익이나 쾌락을 나누는 것이 아니라 덕으로 맺어져 있는 관계

• 유덕하지 못한 사람들도 우정이 생길 수 있지만 완전한
  우정은 아니다.

기출문제로 개념 디지기

1) 2017학년도 9월 교육청 3번

3. 다음 고대 서양 사상가의 입장으로 가장 적절한 것은?

> 우정에는 각기 대응하는 사랑이 존재한다. 이로움 때문에
> 사랑하는 사람들은 서로를 그 자체로 사랑하는 것이 아니라
> 상대로부터 어떤 좋음[善]이 생기는 한 사랑하는 것이다.
> 즐거움 때문에 사랑하는 사람들은 상대방이 어떤 사람이어서가
> 아니라 즐거움을 주기 때문에 사랑한다. 완전한 우정은 덕에
> 있어 닮은 선한 사람들의 우정으로 이 경우에만 서로 잘 되기를
> 바란다. 그들은 그 자체로서 좋은 사람들이기 때문이다.

① 유덕한 성품을 갖춘 사람들만이 완전한 우정을 맺을 수 있다.
② 이익과 쾌락에 기초한 우정은 호혜적 관계를 형성할 수 없다.
③ 이익과 쾌락만 추구하는 이들은 어떠한 우정도 맺을 수 없다.
④ 유덕하지 못한 이들의 우정에서는 어떠한 선도 생겨나지 않는다.
⑤ 모든 우정은 행위의 좋음보다 행위자의 성품을 사랑하는 것이다.

음식과 관련된 윤리 ★★★★

교육청, 평가원 가리지 않고 출제가 잦은 포인트. 사상가들의 핵심적인 특징만 알고 있으면 정답을 쉽게 찾을 수 있다.

아리스토텔레스의 관점

음식물에 대한 욕망은 인간의 이성에 의해 적절하게 조절되어 중용(어느 쪽으로든지 치우침이 없는 상태)의 상태를 유지해야 함을 강조

- 마땅한 것(자연에 따르는 것)을 넘어 배를 채우는 사람은 폭식가
  → 지나칠 정도로 노예적인 사람이라고 비판

공자의 관점

자른 것이 바르지 않으면 드시지 않았고, 간장이 없으면 드시지 않았다. 고기가 많아도 곡기를 이기지 않았으며, 주량이 대단했으나 어지러울 정도로 마시지는 않았다. (논어에서 발췌한 공자의 식생활)

- 음식을 먹을 때도 인간다운 품위를 추구
  → 음식을 섭취할 때에도 예의와 규칙, 절제가 있음을 강조

불교의 관점

술과 고기를 먹지 마라. 오신채(마늘, 부추, 파, 달래, 흥거)를 먹지 마라.
식사는 오전 중 한 번으로 끝내라.
발우의 음식은 수많은 연기의 과정을 거친 것이다.

- 오신채는 수행에 방해가 된다고 먹지 말 것을 주장
  → 음식과 수행을 연계
- 음식을 섭취할 때 절제를 강조
  예) 식사는 오전 중 한 번으로 끝내라!

1) 2017학년도 6월 평가원 15번

15. 다음 글에서 강조하는 내용으로 가장 적절한 것은?

> 음식물에 대한 욕망은 자연적이다. 먹고 마시는 욕망을 추구함에 있어서 잘못하는 경우는 주로 지나친 쪽으로 잘못하는 것이다. 사실 어떤 것이든 더 이상 먹고 마실 수 없을 때까지 먹고 마시는 것은 양에 있어 자연에 따르는 것을 넘어서는 것이다. 이런 이유로 사람들은 마땅한 것을 넘어 자신의 배를 채우는 사람을 폭식가(暴食家)라고 부른다. 이런 사람이 바로 지나칠 정도로 노예적인 사람이다.

① 먹는 행위를 통해 문화적 정체성을 형성해야 한다.
② 먹는 행위는 인간의 이성에 의해 조절되어야 한다.
③ 먹는 행위를 통해 개인적 취향의 차이를 드러내야 한다.
④ 먹는 행위를 통해 인간은 자연의 순환 과정에 참여해야 한다.
⑤ 먹는 행위는 공동체의 동질감과 연대감 형성에 기여해야 한다.

2) 2017학년도 9월 평가원 18번

18. (가), (나)에 나타난 삶의 태도로 적절하지 <u>않은</u> 것은?

> (가) 자른 것이 바르지 않으면 드시지 않았고 간장이 없으면
> 드시지 않았다. 고기가 많아도 곡기(穀氣)를 이기지는 않았
> 으며 주량이 대단했으나 어지러울 정도로 마시지는 않았다.
> (나) 술과 고기를 먹지 마라. 마늘, 부추, 파, 달래, 흥거의
> 오신채(五辛菜)를 먹지 마라. 식사는 오전 중 한 번으로 끝내라.
> 발우의 음식은 수많은 연기(緣起)의 과정을 거친 것이다.

① (가): 음식을 먹는 행위에서 인간다운 품위를 추구하여야 한다.
② (가): 음식을 섭취하는 목적은 생존 유지에만 국한되어야 한다.
③ (나): 음식을 통해 세상 모든 존재의 상호 의존성을 파악해야 한다.
④ (나): '어떻게', '무엇을' 먹느냐의 문제를 수행과 연계시켜야 한다.
⑤ (가), (나): 음식을 섭취할 때는 적절히 조절하고 절제해야 한다.

문화 산업 이해★★★

아도르노의 문화 산업

- 문화 산업 :자본주의 사회에서의 상업화된 대중문화를
  의미
- 특징
  1) 대중 예술품의 주된 가치는 시장 가격에 의해 정해진다.
  2) 문화 산업은 대중을 무비판적이며 수동적으로 만든다.
    → 이를 통해 현실 사회의 모순이 은폐되고 있다!

1) 2017학년도 9월 평가원 15번

15. 다음 서양 사상가의 입장을 〈보기〉에서 고른 것은?

> 현대 자본주의 사회는 과거보다 교묘하고 효과적인 방식으로 대중을 다룰 수 있게 되었다. 대중 예술에 투사된 세계는 갈등이 조화롭게 해결되는 듯한 느낌을 주지만 이는 기만적 대리 만족이다. 문화 산업은 대중을 통제함으로써 지배 계급의 이념을 재생산한다. 개인은 자유가 있는 것 같지만 실은 경제적·사회적 장치의 산물이다. 문화 산업이 독점한 대중 예술은 개인의 특성을 획일화하여 자신의 논리를 관철한다.

―――――〈 보 기 〉―――――

ㄱ. 대중 예술품의 주된 가치는 교환 가치에 의해서 결정된다.
ㄴ. 대중 예술의 영역과 권력의 영역은 상호 무관하게 작동한다.
ㄷ. 대중 예술은 현실적 모순을 은폐하고 대중 의식을 조작한다.
ㄹ. 대중 예술의 감상은 획일화되지 않은 개인의 고유한 체험이다.

① ㄱ, ㄴ　　② ㄱ, ㄷ　　③ ㄴ, ㄷ　　④ ㄴ, ㄹ　　⑤ ㄷ, ㄹ

Point
25

시민 불복종 ★★★★

모의고사에서 두 번에 한 번꼴로 출제되는 포인트! 롤스와 소로를 비교하면서 옳은 것을 묻거나 개별 사상가의 특징에 대해 묻는 문제가 출제된다.

롤스의 시민 불복종

어느 정도 정의로운 사회에서 사회 구성원 다수의 정의관에 어긋나는 법과 정책의 개선을 위한 정치적 행위로써 시민 불복종 주장

- 정의로운 사회의 모델 주장
- 법이 '평등한 자유의 원칙'과 '기회 균등의 원칙' 등 원칙 위배하면
  → 시민들은 저항할 수 있는 기본 권리를 갖는다.
  단 비폭력적인 방법을 통해 법에 대한 존중을 잃지 않아야 한다.
- 롤스의 시민 불복종 정당화 조건

1) 시민 불복종은 최후의 수단
2) 공개적, 처벌을 감수, 성공이 기대될 수 있어야 한다!

소로의 시민 불복종

• 옳다고 믿는 양심에 어긋나는 모든 불의한 법에 복종하지
  말 것을 주장
  → 개인의 양심은 불복종 정당화의 최종 근거
• 타협하거나 시간을 갖고 기다려 보자는 주장에 대해
  → 근본적으로 악법이 바뀌지 않을 것이라는 입장

롤스와 소로의 공통점
• 시민 불복종은 정의롭지 못한 법이나 정부 정책을 변혁시
  키려는 목적으로 행하는 의도적인 위법 행위

1) 2017학년도 6월 평가원 16번

16. 갑, 을 사상가들의 입장에 대한 설명으로 옳은 것은? [3점]

> 갑: 법이나 정책은 원초적 입장에서 합의한 정의의 원칙을 위반해서는 안 된다. 시민 불복종은 제1 원칙인 평등한 자유의 원칙이나 제2 원칙 중 공정한 기회 균등의 원칙에 대한 현저한 위반에 국한되어야 한다.
>
> 을: 법에 대한 존경심보다는 먼저 정의에 대한 존경심을 길러야 한다. 법에 대한 존경심 때문에 선량한 사람조차도 불의의 하수인이 될 상황이라면 그 법을 어겨라. 양심에 따라 그 법에 저항하라.

① 갑은 불복종이 공개적으로 이루어질 필요가 없다고 본다.
② 갑은 불복종에 따른 처벌을 감수하는 것이 옳지 않다고 본다.
③ 을은 양심에 어긋나는 모든 법에 불복종해야 한다고 본다.
④ 을은 공동체의 정의감을 불복종 정당화의 최종 근거로 본다.
⑤ 갑, 을은 불복종을 정의의 실현을 위한 합법적 행위로 본다.

11. 다음 사상가가 긍정의 대답을 할 질문만을 <보기>에서 있는 대로 고른 것은? [3점]

> 국가가 시행하는 법이나 정책이 '평등한 자유의 원칙', '공정한 기회 균등의 원칙'과 같은 정의의 원칙들에 위배될 경우 우리는 그 법에 저항하고 압박함으로써 정의로운 사회를 만들어 나가야 한다.

――――――― <보 기> ―――――――
ㄱ. 다수결에 따른 입법은 항상 정당한가?
ㄴ. 국가의 존립을 위하여 법적 체계는 필요한가?
ㄷ. 법에 저항할 경우 평화적인 방법을 사용해야 하는가?
ㄹ. 부당한 법에 대한 저항은 민주 시민의 기본 권리인가?

① ㄱ, ㄴ   ② ㄱ, ㄷ   ③ ㄷ, ㄹ
④ ㄱ, ㄴ, ㄹ   ⑤ ㄴ, ㄷ, ㄹ

종교와 과학의 관계 ★★★

엘리아데

- 종교적 인간에게 자연은 성스러운 것으로 간주
- 자연은 성스러움으로 상징화된 초월적 존재의 창조물
  → 초월적 신은 자연을 통해 자신의 존재를 드러낸다.

도킨스

- 인간의 윤리적 행위와 자연은 과학(물리학)에 의해 설명 가능
- 저서인 '만들어진 신'을 통해 진화론과 유전자 결정론을

바당으로

→ 초자연적(초월적) '신은 없다'고 주장

프로이트

• 종교는 인간의 심리적인 필요에 의해 만들어졌다는 입장

기출문제로 개념 다지기

1) 2017학년도 9월 평가원 17번

17. 갑, 을의 입장에 대한 설명으로 옳은 것은? [3점]

> 갑: 비종교적 인간은 성현(聖顯)의 시대에서 세속의 시대로 전환
> 되는 과정의 결과물이다. 종교적 인간에게 자연은 성스러움
> 으로 상징화된 초월적 존재의 창조물이다. 성화(聖化)된
> 자연 안에서 인간은 도덕적 위기를 극복할 수 있다.
> 을: 자연적이고 물리적인 세계 너머에는 아무것도 없고 관찰
> 가능한 자연의 배후에 숨어 있는 초자연적인 창조적 지성은
> 없다. 자연은 물리학으로 설명이 가능하며 인간의 윤리적
> 행위 역시 자연 선택의 결과로 설명할 수 있다.

① 갑은 종교가 인간의 심리적인 필요에 의해 만들어졌다고 본다.
② 갑은 비종교적 인간이 자연을 성스러운 것으로 간주한다고 본다.
③ 을은 초월적 존재를 전제하지 않아도 자연을 설명할 수 있다고 본다.
④ 을은 과학이 인간의 윤리적 행위의 원인을 설명할 수 없다고 본다.
⑤ 갑, 을은 초월적 신이 자연을 통해 자신의 존재를 드러낸다고 본다.

사랑에 대한 프롬의 관점★★★★

모의고사 2회 당 한 번꼴로 출제되는 포인트. 진정한 사랑은 생산적 활동이라는 표현만 숙지하고 있으면 어렵지 않게 문제를 풀 수 있다. 왜냐하면 나머지 선택지는 지극히 당연한 이야기를 하기 때문!

사랑에 대한 프롬의 관점

- 진정한 사랑은 잠재 능력의 표현 & 생산적 활동
  → 상대방을 소유하거나 구속하는 사랑은 올바른 사랑 X
- 사랑은 상대방에 대해 적극적인 관심을 갖는 것
- 사랑은 상대방이 자기 능력을 최대한 발휘하도록 돌보는 것
- 사랑은 상대방을 있는 그대로 존중하는 것
- 사랑은 능동적으로 활동해 자신의 생동감을 고양하는 것
  → 서로의 모습을 존중하고 인정함으로써 서로가 온전히 성장할 수 있도록 도와야 한다고 보았다.

1) 2016학년도 대학수학능력시험 20번

20. 다음 사상가의 입장으로 옳지 <u>않은</u> 것은?

> 사랑은 본래 '주는 것'이다. 시장형 성격의 사람은 사랑을 받는 것에 대한 교환의 의미로만 주어야 한다고 본다. 비생산적인 성격의 사람은 주는 것을 가난해지는 것으로 생각해서 대부분은 주려고 하지 않는다. 다만 어떤 사람은 환희의 경험보다 고통을 감수하는 희생이라는 의미에서 사랑을 주는 것을 덕으로 삼는다. 그들은 모두 사랑에 대해 오해하고 있다. 생산적인 성격의 사람은 사랑을 주는 것이 잠재적인 능력의 최고 표현이며 생산적인 활동이라고 본다. 이것은 상대방의 생명과 성장에 적극적인 관심을 가지는 것이고, 자발적으로 책임지는 것이며, 착취 없이 존경하는 것이다.

① 사랑은 자신을 희생하여 상대방이 원하는 것을 들어주는 것이다.
② 사랑은 상대방의 요청에 성실하게 응답할 준비를 갖추는 것이다.
③ 사랑은 상대방이 자기 능력을 최대한 발휘하도록 돌보는 것이다.
④ 사랑은 상대방을 지배하는 것이 아니라 있는 그대로 보는 것이다.
⑤ 사랑은 능동적으로 활동하여 자신의 생동감을 고양하는 것이다.

담론 윤리★★★

하버마스의 담론 윤리

• 공정하고 합리적인 담론*을 통해 윤리적 문제들을 합리
 적 해결 가능
• 담론 과정에서 지켜야 할 규범
 1) 자유롭고 평등한 담론 참가자들이 상호 관용의 태도를
  가질 것
 2) 담론 참가자 모두 자신의 주장뿐 아니라 개인적 욕구,
  감정, 희망 사항을 표현할 수 있을 것

＊담론 : 이성적이고 논증적으로 문제를 해결하는 의사소통 방식

1) 2017학년도 7월 교육청 3번

3. 다음 사상가가 주장하는 바람직한 대화의 자세로 옳지 <u>않은</u> 것은?

> 이상적 의사소통이 이루어지기 위해서는 모든 대화 참여자에게 발언할 수 있는 동등한 기회가 주어져야 한다. 또한 주장의 근거를 제시하거나 요구하여 사실을 확인할 수 있어야 한다. 그리고 모든 대화 참여자들은 자신의 입장, 감정, 바람 등을 진실하게 말해야 한다.

① 상대방의 주장을 충분히 경청해야 한다.
② 자신의 오류 가능성을 인정하고 대화해야 한다.
③ 상대방을 동등한 인격의 소유자로 대해야 한다.
④ 자신의 주장에 대한 객관적인 근거를 제시해야 한다.
⑤ 개인적인 욕구, 희망 사항을 제외하고 발언해야 한다.

Point
29

갈퉁의 적극적 평화★★★

소극적 평화

• 전쟁이나 물리적인 폭력이 없는 상태

갈퉁의 적극적 평화

• 구조적 폭력이 없는 상태
• 직접적인 폭력보다 눈에 보이지 않는 간접적인 폭력(구조
  적 폭력과 문화적 폭력)을 더 무서운 폭력으로 규정
  → 구조적/문화적 폭력을 인식하고 해결하는 것이 평화
  실현의 중요 과제

갈퉁의 국제 평화 개념

- 국가 간에 소극적 평화뿐만 아니라 구조적 폭력과 문화적 폭력까지 사라진 적극적 평화의 상태를 의미 → 평화적 수단으로만 가능

기출문제로 개념 다지기

1) 2017학년도 6월 평가원 18번

18. 다음 사상가의 입장으로 가장 적절한 것은? [3점]

> 폭력을 줄이는 것도 중요하지만, 폭력을 예방하는 것이 더 중요하다. 전자는 소극적 평화를 목표로 하지만, 후자는 적극적 평화를 지향하는 것이다. 따라서 전쟁, 테러, 폭행 등 신체에 직접 해를 가하는 직접적·물리적 폭력이 제거된 소극적 평화 상태뿐만 아니라, 억압, 착취 등의 구조적 폭력과 종교와 사상, 언어와 예술, 과학과 법, 대중 매체와 교육의 내부에 존재하는 문화적 폭력까지 모두 사라진 적극적 평화 상태를 추구해야 한다. 또한 목적이 수단을 정당화할 수 없듯이, 평화는 평화적 수단으로만 이루어져야 한다.

① 적극적 평화를 위한 직접적인 폭력 사용은 인정되어야 한다.
② 직접적인 폭력의 제거가 간접적인 폭력의 제거보다 중요하다.
③ 빈곤, 인권 침해 등으로 인간 삶의 질이 저하되는 상태도 폭력이다.
④ 국제 평화 개념은 국가 간에 전쟁이 없는 상태로 국한되어야 한다.
⑤ 폭력의 개념은 공인되지 않은 비합법적인 무력의 사용으로 한정된다.

왈처의 정의전쟁론 ★★★

어려워 보이지만 정의전쟁론이라는 명칭답게 지극히 정의롭게 생각하고 선택지를 고르면 어렵지 않게 답을 고를 수 있다.

정의전쟁론의 구분

- 전쟁을 시작함에 있어서의 정의의 영역
- 전쟁 수행 과정상의 정의의 영역
- 전쟁 종식 이후의 정의의 영역

정의전쟁론의 내용

- 국제 평화를 위해 전쟁이 정당성을 얻어야 한다.
- 무조건적, 무제한적 전쟁은 도덕적으로 정당화될 수 없다.
- 자결주의에 입각한 내정 불간섭은 존중

→ But 스스로 해결할 수 없는 문제(예 : 대량 학살) 발생

시는 도덕적 개입

• 명분이 정당하지 않은 전쟁을 수행해도 그 과정은 정의로

워야 한다.

기출문제로 개념 다지기

1) 2017학년도 9월 평가원 7번

7. 다음 현대 사상가가 부정의 대답을 할 질문으로 옳은 것은?

> A국에 대한 무장 해제는 도덕적, 정치적으로 정당한 목표이지만, A국의 대외적 위협은 전쟁보다 낮은 수준의 조치로 제어될 수 있었다. 그러나 개전한 이상, A국과의 전쟁은 다음 조건을 충족해야 정당하다. 첫째, 민간인 사상자가 발생하지 않도록, 혹은 민간인 사상자의 발생을 최소화하도록 최선을 다해야 한다. 둘째, A국에 '국민의, 국민에 의한, 국민을 위한 정부' 수립을 보장할 수 있어야 한다.

① 전쟁의 정당성 논의는 국제 평화를 위해서 필요한가?
② 무조건적, 무제한적 전쟁은 도덕적 정당화가 불가능한가?
③ 전쟁의 정당성 논의는 전쟁이 끝남으로써 종식되어야 하는가?
④ 자결주의에 입각한 내정 불간섭 원칙에 예외가 있을 수 있는가?
⑤ 개전 명분과 상관없이 전쟁 중의 정당성 요건을 충족해야 하는가?

배려 윤리★★★★

나딩스의 배려 윤리 위주로 자주 출제된다.

나딩스의 배려 윤리

- 맥락적 사고를 바탕으로 서로 간의 관계성 중시
- 여성의 도덕적 특징을 중시
  → 타인에 대한 배려, 보살핌, 유대감, 상호 의존성, 책임 등 중시
- 남성 중심 윤리와 여성 중심 윤리는 상호 보완적이어야 한다는 입장

길리건의 배려 윤리

- 남성과 여성의 도덕적 관심(도덕적 지향성)은 동일하지 않다.
  - → 남성은 권리와 의무/정의의 원리 중시
  - → 여성은 개별적인 관계(특히 배려) 중시

배려 윤리의 등장 배경

- 공리주의와 칸트 윤리와 같은 추상적 도덕 원리(남성 중심, 정의 중심)를 보완하기 위해 등장

개념 확인문제

배려 윤리에 대한 설명으로 사실과 다른 것은 무엇인가?

① 권리와 의무, 정의보다 개별적인 관계를 중시한다.

② 행위의 도덕성을 평가하는 데 맥락적인 상황을 고려해야 한다.

③ 공리주의, 칸트와 같은 추상적 도덕 원리를 중시한다.

④ 다양성을 존중하기 때문에 추상적 도덕 원리로 해결할 수 없는 윤리 문제들을 해결할 수 있다.

⑤ 남성 중심 윤리와 여성 중심 윤리는 상호 보완적이어야 한다.

1) 2016학년도 4월 교육청 16번

16. 다음 사상의 관점에서 지지할 주장으로 옳은 것만을 <보기>에서 있는 대로 고른 것은? [3점]

> 여성은 스스로를 가능한 한 특수한 상황에 두고 도덕 문제에 접근하며, 자신을 배려라는 용어로 정의하고 배려자의 입장에서 행동한다. 배려의 감정은 우리가 타인을 배려해 주고 타인으로부터 배려 받았던 기억들에 의해 촉진된다. 배려에 바탕을 둔 윤리는 독립적 자아관에서 벗어나 상호 연관적 자아관을 지닌다.

―――――〈 보 기 〉―――――
ㄱ. 구체적 상황보다 추상적 원리에 근거해 판단해야 한다.
ㄴ. 감정보다는 이성에 우위를 두고 배려를 실천해야 한다.
ㄷ. 여성 중심 윤리와 남성 중심 윤리는 상호 보완적이어야 한다.
ㄹ. 맥락적 사고를 바탕으로 서로 간의 관계성을 중시해야 한다.

① ㄱ, ㄴ   ② ㄱ, ㄹ   ③ ㄷ, ㄹ
④ ㄱ, ㄴ, ㄷ   ⑤ ㄴ, ㄷ, ㄹ

Point
32

통일 방법과 평화 비용 ★★★

출제 빈도가 높지는 않으나 언제든 출제가 가능한 포인트. 사상이 건전하다면 절대 정답인 문제이다.

통일의 필요성

- 이산가족의 고통 해소와 민족 정체성 회복
- 한반도의 평화와 번영 및 세계 평화에 기여
- 통일에 대한 회의론 증가 극복 방법
  → 통일의 필요성에 대한 국민적 이해와 합의가 우선

평화 비용

- 남북 경제 협력과 대북 지원 등
- 통일 후 북한에 투자되는 비용과 사회 통합 비용 절감

• 남북 간 신뢰를 높이고 상호 이해를 확장 → 한반도 평화
분위기 조성

분단 비용

• 군사비 등
• 남북한 대립과 갈등으로 발생하는 비용
• 통일이 되는 순간 소멸되는 지출적/소모적인 비용

다음의 설명 중 사실과 다른 것은 무엇인가?

① 분단 비용은 남북한 대립과 갈등으로 발생하는 비용이다.

② 분단 비용은 통일이 되는 순간 소멸되는 지출적/소모적인
비용이다.

③ 평화 비용은 남북한 신뢰를 높이고 한반도 평화에 기여한다.

④ 평화 비용은 통일 후 북한에 투자되는 비용과 사회 통합
비용을 감소시킨다.

⑤ 분단 비용은 남북 간 신뢰와 상호 이해를 확장하는 데 기
여한다.

1) 2016학년도 4월 교육청 17번

17. 다음은 신문 칼럼이다. ㉠에 들어갈 제목으로 가장 적절한 것은?

○ ○ 신 문	○○○○년 ○월 ○일

㉠

　　통일은 반드시 이루어야 하는 민족 최대의 과업임에도 불구하고 우리 사회에서 통일의 필요성에 대한 부정적이고 회의적인 시각이 대두되고 있다. 분단의 장기화로 인해 국민들의 관심이 감소하고 통일 비용에 대한 부담감이 커지면서 통일의 당위성에 대한 논란이 가중되어 '남남(南南)갈등'이 발생하고 있는 것이다. 그러므로 통일을 위해서는 이러한 '남남갈등'을 극복하려는 노력이 우선되어야 한다. …(후략)…

① 통일 비용을 증대하여 통일 이후를 준비해야 한다
② 통일에 대한 국민적 공감대 형성이 우선되어야 한다
③ 현실적 평화를 지속하기 위해 분단을 유지해야 한다
④ 통일을 위해 남북 간의 정치적 교류를 우선해야 한다
⑤ 경제 격차를 최소화하여 남북 간 이념 갈등을 극복해야 한다

행위 공리주의와 규칙 공리주의★★★

행위 공리주의

- 유용성의 원리를 행위에 직접 적용
- 최대의 유용성을 낳는 행위는 어떤 것인가?
  → 주어진 상황에서 최대의 유용성을 산출할 수 있는 행위를 선택해야 한다.
  예) 거짓말, 무고(없는 일을 거짓으로 꾸며 남을 고발하거나 고소하는 행동) 등의 행위도 최대 행복을 가져오면 정당화될 수 있다.

규칙 공리주의

- 유용성의 원리를 행위의 규칙에 적용
- 최대의 유용성을 낳는 규칙은 어떤 것인가?
- 동기나 선의지보다 행위의 결과 중시
  → 타당한 도덕 규칙에 적합한가?
  → 개인의 선이 아닌 사회의 더 큰 선을 산출해야 함을 강조
- 공익과 사익은 서로 비례 관계

행위와 규칙 공리주의 공통점 및 차이점

- 최대 다수의 최대 행복을 가져오는 행위는 바람직
- 다른 사람의 이익을 증진하는 행위는 바람직 But 반드시 그렇지는 않다!
- 행위 공리주의 : 이익을 증진시켜도 전체 이익을 감소시키면 옳지 않다.
- 규칙 공리주의 : 다른 사람의 이익을 증진
  → 이익을 증진시켜도 유용성을 극대화시키는 규칙에 위배되면 옳지 않다.

다음의 설명 중 옳은 것은 무엇인가?

① 행위와 규칙 공리주의 모두 다른 사람의 이익을 증진하는 행위는 반드시 바람직하다고 본다.

② 행위 공리주의는 유용성의 원리를 행위의 규칙에 적용한다.

③ 규칙 공리주의는 유용성의 원리를 행위에 적용한다.

④ 규칙 공리주의는 사회보다는 개인의 더 큰 선을 산출해야 한다고 본다.

⑤ 행위와 규칙 공리주의 모두 최대 다수의 최대 행복을 가져오는 행위가 바람직하다고 본다.

1) 2017학년도 9월 평가원 16번

16. (가) 사상의 입장에서 상황 (나)의 갑에게 제시할 조언으로 가장 적절한 것은? [3점]

(가)	어떤 행위가 가능한 다른 대안들보다 사회에 더 큰 선을 산출하는 규칙들의 집합에 속하는 규칙에 의해 요구되는 행위일 때, 그리고 오직 그때에만 그 행위는 옳다.
(나)	갑은 귀금속 상인이고 을은 반지를 구입하고자 온 손님이다. 갑에게 선택 가능한 행위는 진실을 말하는 것과 거짓말을 하는 것밖에는 없다고 하자. 을에게 거짓말을 하면 더 비싸게 팔 수 있음을 알기에 갑은 고민 중이다.

① 자신의 선을 극대화하기 위해 거짓말을 하세요.
② 보편적 입법의 원리에 따라 항상 진실만을 말하세요.
③ 가능한 다른 행위만큼의 선을 산출하도록 말하세요.
④ 선을 추구하고 악을 피하라는 자연법에 따라 말하세요.
⑤ 공리를 극대화할 가능성이 가장 큰 규칙에 따라 말하세요.

데카르트와 베이컨의 인간중심주의 ★★★

출제 빈도는 낮지만 슈바이처, 레건, 싱어, 테일러, 칸트 등의 사상가와 맞물려 출제될 수 있어 주의가 필요한 포인트이다.

데카르트의 이분법적 관점

- 인간과 자연을 구분해 인식 → 인간은 주체, 자연은 대상
- 자연은 정복과 이용의 대상
- 인간만이 도덕적 지위를 가진다. → 동물은 영혼이 없는 기계로 인식

베이컨의 인간중심주의

- 자연이 지니는 도구적 가치 강조(자연과 공존하자는 내재적 가치 아님)

• 자연은 정복과 이용의 대상 → 인간은 자연을 이용할 권리가 있다.

개념 확인문제

다음의 설명 중 옳은 것은 무엇인가?

① 데카르트는 이분법적 관점을 통해 자연과의 공존을 모색했다.

② 데카르트는 동물은 단순한 기계지만 도덕적 지위는 있다고 보았다.

③ 베이컨은 자연은 도구적 가치를 지니기 때문에 정복할 대상으로 보았다.

④ 베이컨은 자연을 도구적 성격으로 보았기 때문에 자연 보존을 강조했다.

⑤ 데카르트와 베이컨 모두 인간은 자연의 일부라고 보았다.

1) 2017학년도 9월 평가원 10번

10. (가)의 갑, 을, 병의 입장을 (나) 그림으로 표현할 때, A~D에 해당하는 적절한 진술만을 〈보기〉에서 있는 대로 고른 것은?

(가)	갑: 인간은 말과 기호를 사용할 줄 알고 모든 상황에 적절히 대처할 수 있는 데 반해, 동물은 움직이는 자동 기계에 불과하다. 을: 욕구, 지각, 기억, 감정 등 일련의 특징을 지니고 자신의 고유한 삶을 살아가는 삶의 주체만이 도덕적 권리를 지닌다. 병: 살아 있는 모든 존재는 자신의 고유한 선을 자신의 방식대로 추구하는 목적론적 삶의 중심으로서 도덕적 고려의 대상이다.
(나)	 〈범 례〉 A: 갑만의 입장 B: 을만의 입장 C: 병만의 입장 D: 갑과 을만의 공통 입장

〈 보 기 〉

ㄱ. A: 인간과 달리 동물은 영혼과 육체의 단순한 결합체일 뿐이다.
ㄴ. B: 동물을 인간을 위한 수단으로만 취급하지 않도록 해야 한다.
ㄷ. C: 인간이 어떠한 생명체보다도 본래적으로 우월한 존재는 아니다.
ㄹ. D: 자연 안의 모든 생명체가 도덕적 지위를 갖는 것은 아니다.

① ㄱ, ㄴ   ② ㄱ, ㄹ   ③ ㄷ, ㄹ
④ ㄱ, ㄴ, ㄷ   ⑤ ㄴ, ㄷ, ㄹ

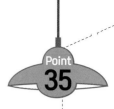

형벌에 대한 벤담과 칸트의 관점 ★★★

사형에 대한 칸트와 베카리아의 입장에 비해서는 출제 빈도가 낮은 편이다.
하지만 필요에 따라 3점짜리 고난도 문제로 출제될 가능성이 언제든 있다.

벤담

• 유용성의 원리를 바탕으로 형벌 이론 수립
  → 형벌로 인한 범죄자의 고통은 위법 행위로 인한 이익
  보다 커야 한다.
• 형벌의 목적은 범죄 억지와 교화에 있다.
  → 모든 처벌은 그 자체로 악
  → 처벌은 범죄 예방과 범죄자를 사회에 복귀시키는 효
  과가 있을 때 정당화

칸트

- 응보주의 주장

  → 형벌은 동등성의 원리에 따라 시행(예 : 살인자는 당연히

  사형)

  → 형벌의 유용성과 무관하게 죄에 상응하는 형벌이 필요

- 형벌은 죄에 대한 책임을 인정하는 것 → 범죄자의 인격

  을 존중하는 것

- 처벌은 범죄자나 시민 사회의 선을 증진시키는 수단으로

  행해져서는 안 된다.

개념 확인문제

다음의 설명 중 사실과 다른 것은 무엇인가?

① 벤담 : 형벌로 인한 범죄자의 고통은 위법 행위로 인한 이

  익보다 작아야 한다.

② 벤담 : 모든 처벌은 그 자체로 악, 처벌은 범죄 예방과 범

  죄자의 사회 복귀에 효과가 있을 때 정당하다.

③ 칸트 : 처벌은 범죄자나 시민 사회의 선을 증진시키는 수

  단으로 행해져서는 안 된다.

④ 칸트 : 형벌은 유용성과 무관하게 죄에 상응하는 형벌이

  필요하다.

⑤ 벤담과 칸트 : 형벌의 필요성을 인정하는 입장이다.

기출문제로 개념 다지기

1) 2017학년도 9월 평가원 14번

14. (가)의 사상가 갑, 을의 입장을 (나) 그림으로 탐구하고자 할 때, A~C에 들어갈 옳은 질문만을 〈보기〉에서 있는 대로 고른 것은? [3점]

(가)	갑 : 형벌의 주목적은 범죄자와 그 밖의 사람들의 행위를 통제하는 것이다. 공리의 원리에 따라 범죄자에 대한 형벌은 목적 달성에 필요한 정도 이상으로 가해져서는 안 된다. 을 : 형벌은 단지 범죄자가 범죄를 저질렀기 때문에 부과되어야 한다. 인간의 생득적 인격성은 그가 시민적 인격성을 상실할 선고를 받아도 물건으로 취급되지 않도록 보호한다.

(나)

```
┌─────────────┐
│ 갑, 을 사상가의 │        ┌──〈범 례〉──┐
│ 입장을 탐구한다. │        │ ☐ : 출발 조건 │
└─────────────┘        │ ◇ : 판단 내용 │
       │          아니요   │ ---- : 판단 방향 │
     ◇ A ◇ ─────────┐    │ ⌒ : 사상가의 입장 │
       │ 예         ↓    └──────────┘
     ◇ B ◇        ◇ C ◇
       │ 예         │ 예
   ┌───────┐    ┌───────┐
   │ 갑의 입장 │    │ 을의 입장 │
   └───────┘    └───────┘
```

―――――――――〈보 기〉―――――――――

ㄱ. A : 형벌로 인한 범죄자의 고통이 위법 행위의 이득보다 커야 하는가?

ㄴ. B : 형벌은 일반인에게 본보기로, 범죄자에게 교화로 작용하는가?

ㄷ. C : 형벌의 유용성이 전혀 없는 경우 형벌을 부과하지 말아야 하는가?

ㄹ. C : 형벌이 부과하는 고통은 범죄자의 존엄성 보장에 부합해야 하는가?

① ㄱ, ㄴ   ② ㄱ, ㄷ   ③ ㄷ, ㄹ

④ ㄱ, ㄴ, ㄹ   ⑤ ㄴ, ㄷ, ㄹ

[개념 확인문제, 기출문제로 개념 다지기 정답 및 해설]

Point 01 니부어의 사회 윤리적 관점

개념 확인문제: ④

기출문제로 개념 다지기

1) 2017학년도 4월 교육청 5번 : ⑤

'개인이 도덕적이라 할지라도 그가 속한 집단이 비도덕적인 이유는 무엇입니까?'를 묻기 때문에 대답자는 니부어임을 알 수 있다. 니부어는 사회의 도덕성은 개인의 도덕성보다 현저하게 떨어지기 때문에 개인의 선한 의지만으로 사회 정의를 실현할 수 없으므로 정치적 강제력을 통한 사회 정책과 제도의 개선을 중시하였다.

2) 2017학년도 7월 교육청 17번 : ⑤

사상가의 입장만으로 그 사상가가 누구인지 모르겠다면 문제에서 요구하는 질문과 보기를 보자. 옳은 것을 묻고 있다. 따라서 보기 4개 중 최소한 2개 이상은 한 사상가에 대한 이야기일 것이다. 보기 중 ㄷ, ㄹ을 보면 단번에 니부어임을 알 수 있다. 니부어는 집단의 이기적 충동은 강한 내면적 억제를 통해서도 완전히 제어할 수 없다고 보았다. 사회 정의 실현을 위해 개인의 도덕성 함양, 선의지의 통제를 받는 정치적 강제력의 이행, 도덕적 승인에 기초한 사회 제도와 정책의 개선이 필요하다고 보았다.

개념 확인문제 : ①

기출문제로 개념 다지기

1) 2017학년도 6월 평가원 12번 : ⑤

주어진 그림 왼쪽은 '종신 노역형'이라는 키워드를 보아 베카리아이다. 갑은 부정, 을은 긍정의 대답을 할 질문을 묻는 문항이므로 을은 칸트임을 바로 알 수 있다. 칸트는 동등성의 원리에 따라 형벌은 범죄의 해악 정도에 비례하여 정해야 한다고 보았다.

2) 2017학년도 7월 교육청 16번 : ④

갑은 긍정, 을은 부정의 대답을 할 질문으로 옳은 것을 묻는다. 이런 유형은 갑과 을 중 하나의 입장만 알면 자연스레 쉽게 답을 찾을 수 있다. 갑은 종신 노역형이라는 키워드로 베카리아임을, 을은 자연스레 칸트임을 알 수 있다. 베카리아는 범죄자가 새로운 해악을 입힐 가능성을 방지하고, 타인들이 유사한 행위를 할 가능성을 억제시키는 것이 형벌의 목적이라고 본다. 칸트는 인간 존엄성을 훼손한 범죄는 응보적으로 처벌하는 것이 정당하다는 입장. 따라서 ③, ④ 중에 답이 있음을 알 수 있다.

Point 03 다문화를 보는 관점

개념 확인문제 : ① (② 용광로 이론, ③ 문화 다원주의, ④ 다문화 주의,
⑤ 잘못된 설명)

기출문제로 개념 다지기

1) 2017학년도 3월 교육청 6번 : ②

열린 민족주의에 대한 설명이다. 열린 민족주의는 말 그대로 민족 구성
원으로서의 삶을 중시하면서도 세계 시민으로서의 삶 역시 존중한다.

2) 2017학년도 3월 교육청 9번 : ⑤

(가)는 문화 다원주의, (나)는 다문화 주의(샐러드 그릇 이론)이다. 문화의
공존과 조화를 지향한다는 공통점이 있다.

3) 2017학년도 7월 교육청 14번 : ④

갑은 문화의 다양성을 존중하지 않고 다양한 문화를 하나로 통합시키
려는 용광로 모델이다. 을은 다양한 문화의 고유한 특성을 존중하는
다문화 주의 입장이다. 병은 자기 문화의 우월성을 전제로 자기 문화
와 동질적인 문화만 수용하고 이질적 문화를 배척하는 입장이다. 이
런 식으로 보기를 주는 문제는 2개 중 하나, 또는 3개 중 2개만 알아
도 충분히 답을 골라낼 수 있다. ㄱ, ㄴ, ㄷ, ㄹ 중 ㄱ은 확실히 답이
아니고 ㄴ은 확실한 답이다. 따라서 답안은 3, 4로 압축된다. ㄷ는 다
양한 문화의 고유한 특성을 존중하기 때문에 오답이 된다. 따라서 정
답은 ④

Point 04 생명, 생태, 감정중심주의

개념 확인문제 : ④ (슈바이처의 생명 외경 사상 : 생명 유지 · 고양 선!,

생명 파괴 · 훼손 악!)

기출문제로 개념 다지기

1) 2017학년도 3월 교육청 20번 : ③

갑은 레건, 을은 키워드가 '생명체'이므로 테일러, 병은 '대지까지 확
대해야'라는 문장으로 미루어 보았을 때 레오폴드임을 알 수 있다. 세
사상가 모두 동물의 가치를 경제적 효용성의 관점으로만 평가하는 것
을 반대한다. 따라서 선택지에서 ㄷ, ㄹ은 확실한 답이 된다. 그렇다
면 ③ 내지는 ⑤ 중 하나가 답임을 알 수 있다. ㄴ은 을과 병의 공통점
이다.

2) 2017학년도 4월 교육청 6번 : ③

이익 평등 고려, 종차별, 쾌고감수능력 같은 키워드는 싱어의 전매특
허. 따라서 갑은 싱어, 을은 목적론적 삶이 등장하므로 테일러, 병은
생태계라는 키워드만으로 레오폴드임을 알 수 있다. 싱어는 쾌고감수
능력에 근거하여 인간과 동물의 이익을 동등하게 고려해야 한다는 이
익 평등 고려의 원칙을 강조했다. 테일러는 생명을 지닌 모든 존재는
목적론적 삶의 중심으로서 내재적 가치를 지닌다고 보았다. 레오폴드
는 대지 윤리(무생물을 포함한 생태계 전체)를 통해 인간뿐 아니라 생태 공
동체 자체에 대한 존중이 필요하다고 강조했다.

갑은 '쾌고'라는 단어만으로 싱어를 생각할 수 있으나 동물권리론의 레건이다. 자연에 대해 '노예'라는 키워드를 사용한 사상가는 베이컨. 이런 유형의 문제는 3명의 사상가 중 2명만 알아도 답을 찾아낼 수 있다. 레건은 동물도 존중받아야 할 권리가 있다고 보았기 때문에 ㄱ은 정답이다. 따라서 ㄱ이 들어간 선택지는 1, 2, 4가 된다. 반면 ㄹ '내재적 가치'는 생명중심주의자이 테일러가 사용하는 키워드인 만큼 베이컨과 전혀 어울리지 않음으로 정답이 아니다. 따라서 정답은 ①, ②로 압축된다. ㄴ이 혼동될 수 있는데 병은 자연을 사냥해서 노예로 만들어 인간의 이익에 봉사하도록 해야 한다고 주장하기 때문에 ㄴ의 질문에 '아니요'가 아닌 '예'를 선택해야 한다. 따라서 정답은 ①이다. 참고로 을은 칸트다. 칸트는 인간중심주의 관점을 지니고 있지만 동물이나 식물, 나아가 무생물까지도 함부로 대하는 것은 인간성을 훼손할 수 있기 때문에 바람직하지 않다고 보았다.

Point 05 분배에 대한 롤스와 노직의 사상

개념 확인문제 : ④ (불평등은 취득, 이전, 교정의 과정에 문제가 없다는

전제하에 불평등)

기출문제로 개념 다지기

1) 2017학년도 4월 교육청 8번 : ③

갑은 '정의의 원칙'을 통해 롤스, 을은 '취득과 이전, 교정'의 키워드를 통해 노직임을 알 수 있다. 롤스는 정의의 원칙에 따라 최소 수혜자를 배려하는 사회가 정의롭다고 보았다. 노직은 최소국가를 이상적인 국가 형태로 보았다. 또한 개인의 완전한 소유권이 보장되고 분배가 전적으로 개인 간의 자발적 교환에 맡겨지는 사회가 정의롭다고 보았다. 롤스와 노직의 공통점 1) 공정한 절차를 강조하는 절차적 정의관

중시 2) 사회적 약자를 위해서라도 개인의 기본적 자유는 제한할 수 없다.

2) 2017학년도 7월 교육청 19번 : ③

갑은 노직, 을은 롤스임을 알 수 있다. 계속해서 강조하지만 사상가가 2명이 나오는 문제는 1인, 3명이 나오는 문제는 2인만 알아도 정답을 충분히 골라낼 수 있다. 갑이 노직이라는 사실만 알아도 ㄱ이 들어가는 1, 2, 4번은 정답이 아니라는 것을 알게 된다. 노직은 최소국가를 주장했기 때문이다. 롤스는 원초적 입장에서 계약 당사자는 타인의 이해관계에 관심이 없으며, 자신이 우연히 획득한 조건과 처한 상황을 모른다고 가정하였다. 이들은 모두 절차의 공정성이 결과의 공정성을 보장한다고 보았다.

Point 06 해외 원조에 대한 입장

개념 확인문제 : ④ (노직의 입장은 원조는 의무가 아닌 자선의 관점)

기출문제로 개념 다지기

1) 2017학년도 3월 교육청 2번 : ④

주어진 그림의 말풍선을 보자. 왼쪽은 '관계없이 모두 원조해야 한다.'라는 주장을 하니 싱어임을 알 수 있고, 오른쪽은 '질서 정연'이라는 키워드가 등장함으로 롤스임을 알 수 있다. 롤스는 '원조의 목적은 사회 구조와 체제의 개선에 있으며 가난한 국가라도 질서 정연한 국가에 대해서는 원조할 필요가 없다.'라고 주장하는 인물이다.

2) 2017학년도 6월 평가원 19번 : ①

갑은 '상관없이'라는 키워드로 보아 싱어, 을의 '자유로운'이라는 키워드는 노직, 그럼 나머지 하나는 묻지도 따질 것도 없이 롤스임을 알수 있다. 이런 보기 문제는 주어진 조건 3개 중 2개만 알아도 확실히문제를 풀수 있다. 우선 갑은 A, 을은 B 영역이다. ㄱ과 ㄴ은 확실히정답이므로 ①과 ④ 중 정답이 있음을 알수 있다.

3) 2017학년도 7월 교육청 4번 : ④

갑은 '질서 정연', 을은 '상관없이'라는 키워드임으로 갑은 롤스, 을은싱어임을 알수 있다. 선택지 ⑤는 인도주의적 자선의 관점이기 때문에 노직이다. 롤스는 질서 정연한 사회가 될수 있게 하는 것을 원조의 목적으로 보았다. 롤스는 국가 중심의 원조를 강조하지만 개인적차원의 원조를 부정하지는 않았다. 싱어는 민족, 국가, 인종을 초월해약자의 고통을 줄이고 전 인류의 복지 수준 향상을 위해 노력하는 것을 원조의 목적으로 보았다.

Point 07 국제 관계에 대한 두 가지 입장

개념 확인문제 : 정답 없음 (모두 사실)

기출문제로 개념 다지기

1) 2017학년도 3월 교육청 13번 : ⑤

국제 연맹의 필요성을 주장한 것은 칸트이다. 칸트는 모든 국가가 서로의 주권을 존중하고 국제 연맹 속에서 상호 협력할 때 국제 평화가실현될 수 있다고 보았다.

Point 08 전쟁에 대한 세 가지 입장

개념 확인문제 : ③ (평화주의 주장)

기출문제로 개념 다지기

1) 2017학년도 7월 교육청 7번 : ②

갑은 '정의 전쟁론'을 주장한 왈처이고, 을은 '영구 평화론'을 주장한 칸트이다. 갑은 전쟁은 최후의 수단임을 강조한다. 반면 을은 어떤 경우에도 전쟁을 반대하며 국제기구(국제 연맹)가 세계 평화 실현에 기여한다는 입장이다.

Point 09 동서양의 자연관 비교

개념 확인문제 : ④ (내재적 가치 : 말 그대로 보이지 않은 내면의 아름다움!)

기출문제로 개념 다지기

1) 2015학년도 7월 교육청 15번 : ③

갑은 서양 인간중심주의 자연관의 입장, 을은 불교의 연기설에 기초한 동양 유기체적 자연관의 입장이다. 인간중심주의 자연관은 인간의 욕구 충족을 위한 도구적 가치만을 가진다고 본다. 반면 유기체적 자연관은 자연을 통제하지 말고 공존을 모색해야 한다고 주장한다.

Point 10 관혼상제(관례, 혼례, 상례, 제례)

개념 확인문제 : ③, ⑤ (죽음이 인간관계(혈연관계)의 소멸이라고 보지

않았기 때문에 상례와 제례를 지냈다.)

기출문제로 개념 다지기

1) 2015학년도 10월 교육청 15번 : ④

(가)는 관례, (나)는 혼례이다. 혼례는 상호 보완적 관계를 이루는 남녀의 조화를 중시하는 의식이다.

2) 2014학년도 10월 교육청 12번 : ⑤

㉠은 제례, ㉡은 상례이다. 상례와 제례는 스스로 절제하며 근신하는 자세를 통해 자신의 삶을 도덕적으로 성찰하는 계기를 제공한다. ①은 관례, ②는 상례에 대한 설명이다.

Point 11 규범 윤리학과 메타 윤리학

개념 확인문제 : ②, ③ (갑은 메타 윤리학, 을은 규범 윤리학에 대한 설명)

기출문제로 개념 다지기

1) 2017학년도 6월 평가원 1번 : ④

메타 윤리학은 도덕적 언어나 의미의 분석과 도덕적 추론의 논리적 타당성을 입증하거나 정당화하는 것을 윤리학의 주요 과제로 삼는다. 응용 윤리학의 관점에서 메타 윤리학은 도덕 언어의 분석보다 도덕 문제의 해결이 중요함을 간과하고 있다고 주장할 수 있다.

Point 12 이론 규범 윤리학과 실선 규범 윤리학

개념 확인문제 : ③, ⑤ (③ 메타 윤리학, ⑤ 응용 윤리학에 대한 설명이다.)

기출문제로 개념 다지기

1) 2017학년도 3월 교육청 1번 : ①

갑은 기술 윤리학, 을은 응용 윤리학(실천 규범 윤리학)의 주장이다. 기술 윤리학은 도덕 현상에 대한 경험 과학적인 접근을 강조한다. 응용 윤리학은 도덕 문제 해결을 위해 의학, 생명 과학 등 인접 학문과의 연계를 중시한다. ㄹ에서 도덕 언어의 분석을 윤리학적 탐구의 본질로 삼는 것은 메타 윤리학이다.

2) 2017학년도 4월 교육청 10번 : ⑤

(가)는 이론 윤리학, (나)는 응용 윤리학이다. 이론 윤리학은 도덕적 행위를 정당화하는 객관적 도덕 법칙의 정립을 핵심 탐구 과제로 삼는다. 응용 윤리학은 도덕적 이론을 구체적 삶에 적용하여 도덕 문제를 해결하는 것을 주된 탐구 과제로 삼는다. 도덕적으로 바람직한 삶을 궁극적 목표로 삼는다는 공통점이 있다.

3) 2017학년도 7월 교육청 1번 : ③

갑은 메타 윤리학, 을은 이론 규범 윤리학, 병은 실천 규범 윤리학(응용 윤리학)이다. 실천 규범 윤리학은 이론 규범 윤리학을 기반으로 현실의 구체적 문제 해결에 중점을 두는 학문으로 인접 학문과의 학제적 연계를 중시한다.

Point 13 공리주의

개념 확인문제 : ④ (공리주의는 안락사를 찬성한다)

기출문제로 개념 다지기

1) 2017학년도 7월 교육청 15번 : ③

(가)는 '최대 행복의 원리는 쾌락과 행복을 증가시키는 경향에 비례해 선하며 불행을 증가시키는 경향에 비례해 악하다.'라는 벤담의 유용성의 원리임을 알 수 있다. 공리주의 입장은 안락사를 찬성한다. 환자의 고통을 감소시키고 가족의 경제적 부담을 줄일 수 있기 때문이다. 따라서 ㄱ은 확실히 오답이다.

Point 14 직업 윤리

개념 확인문제 : ④

기출문제로 개념 다지기

1) 2017학년도 3월 교육청 17번 : ②

갑은 직업 소명설의 칼뱅, 을은 유교 사상가인 순자이다. 유교 사상에서는 역할 분담을 통해 사회 질서를 유지하고자 했다.

2) 2017학년도 6월 평가원 14번 : ④

갑은 베버이고 을은 공자이다. 베버는 청교도적 직업 윤리가 자본주의 정신의 토대가 되었다고 주장하였다. 또한 재화의 획득이 구원의 증표로 정당화되므로 금욕을 바탕으로 한 영리 활동은 근대 기업가의 소명이고, 노동은 근대 노동자의 소명이라고 보았다. 공자는 사회 구성원들이 각자의 지위에 알맞은 역할과 도리를 다할 것을 강조하였다. 임금은 덕치로 백성의 신뢰를 얻고 씀씀이를 줄여 백성을 사랑해야 하며, 신하는 맡은 직분을 수행하고 녹봉은 그 다음에 생각해야 한다고 주장하였다.

Point 15 생명 과학과 생명 윤리

개념 확인문제 : ④

기출문제로 개념 다지기

1) 2017학년도 4월 교육청 12번 : ①

갑은 전배아 단계의 복제는 개체가 형성되기 이전이므로 허용해야 한다는 입장. 반면 을은 전배아 단계의 복제를 허용하면 그 이후 단계의 복제까지 연쇄적으로 확산될 가능성이 있다는 주장. 따라서 ㉠에는 인간 발달의 연속성을 파악하지 못하는 갑의 주장을 비판하는 내용이 들어간다.

Point 16 과학 기술과 윤리

개념 확인문제 : ④ (요나스는 인간만이 자연에 대해 책임을 질 수 있다고 보았다.)

기출문제로 개념 다지기

1) 2017학년도 3월 교육청 11번 : ②

갑은 과학자의 활동이 사회와 독립해서 이루어질 수 없기 때문에 과학자는 자신의 연구 결과에 대해 사회적 책임을 져야 한다고 주장한다. 반면 을은 과학자가 자신의 연구가 사회에 미치는 영향에 대해 고려할 필요가 없다고 본다. 따라서 반대편 입장에선 '과학자의 활동은 사회와 독립해서 이뤄질 수 없다.'라고 주장할 수 있다.

2) 2017학년도 6월 평가원 8번 : ②

(가) 제시문은 과학 기술에 주관적 가치가 개입되어서는 안 된다고 주장한다. 따라서 과학 기술의 가치 중립성을 긍정하는 입장이다. 하지만 문제는 ㉠에 대한 반론의 근거를 묻고 있다. 따라서 과학 기술의 가치 중립성을 부정하는 입장을 찾으면 정답이다. 이런 유형은 문제의 의도를 제대로 파악하지 못해 어이없게 틀리는 경우가 많으므로 주의가 필요하다.

3) 2017학년도 7월 교육청 2번 : ④

갑은 과학 기술의 가치 중립성 강조, 을은 과학 기술 혐오, 병은 과학 기술의 가치 지향성을 강조한다. 따라서 병은 갑에게 과학 기술의 적용 및 연구 · 개발 단계에서도 도덕적 가치가 개입될 수 있다고 비판할 수 있다.

Point 17 종교와 윤리

개념 확인문제: ④

기출문제로 개념 다지기

1) 2017학년도 4월 교육청 9번 : ⑤

편지는 '종교는 세계 이해에 도움이 되지 않는다.'는 주장을 비판하고, 종교와 과학은 각자의 관심 영역이 다르므로 서로 간섭할 수 없는 독립성을 지닌다고 보고 있다.

2) 2017학년도 7월 교육청 18번 : ②

갑은 과학과 종교의 서로 다름을 인정하고 과학의 한계를 지적하고 있다. 반면 을은 종교의 영역을 인정하지 않는다. 따라서 갑은 을에게 과학의 힘으로 해결할 수 없는 영역이 있음을 비판할 수 있다.

Point 18 예술과 윤리

개념 확인문제 : ② (도덕주의에 대한 설명)

기출문제로 개념 다지기

1) 2017학년도 4월 교육청 3번 : ③

(가)는 도덕주의, (나)는 심미주의. 심미주의는 예술은 사회의 요구를 반영할 필요가 없으며 예술 그 자체를 위한 예술의 추구를 강조한다. 반면 예술이 인간에게 도덕적 교훈이나 본보기를 제공해 올바른 품성 형성에 기여해야 한다는 것은 도덕주의이다.

2) 2017학년도 6월 평가원 20번 : ②

갑은 심미주의, 을은 도덕주의이다. 심미주의는 예술은 다른 것을 위한 수단으로 취급되어서는 안 되며, 예술 자체나 아름다움의 추구를 목표로 삼아야 한다고 주장한다. 도덕주의는 예술은 도덕적 교훈이나 본보기를 제공하고 종교를 강화하며 인간의 윤리적 상태를 완전하게 만드는 데 기여해야 한다고 주장한다. 따라서 도덕주의는 예술의 사회적 영향력을 강조한다.

3) 2017학년도 7월 교육청 5번 : ①

갑은 와일드, 을은 플라톤의 주장. 와일드는 미적 가치와 도덕적 가치는 무관하다. 따라서 윤리가 예술에 관여해서는 안 된다는 입장이다. 플라톤은 예술의 목적이 인간의 올바른 도덕성을 기르고 교훈을 제공하는 데 있다고 본다. 플라톤은 와일드에 비해 예술의 공공성과 도덕성을 강조하는 경향이 높고 예술의 자율성을 강조하는 경향은 낮다.

Point 19 삶과 죽음의 윤리

개념 확인문제 : ⑤ (장자와 공자는 내세에서 더 나은 삶을 위해 현세에
              서의 도덕적 실천을 강조하지 않았다.)

기출문제로 개념 다지기

1) 2017학년도 3월 교육청 5번 : ②

을은 태아가 인간이 될 잠재성과 온전한 인간으로서의 지위를 지니고 있기 때문에 낙태를 해서는 안 된다고 주장한다.

2) 2017학년도 3월 교육청 15번 : ①

갑은 에피쿠로스, 을은 플라톤이다. 에피쿠로스는 사람이 죽으면 모든 감각이 사라져 어떤 것도 느낄 수 없다고 보았다. 반면 플라톤은 영혼은 죽음을 통해 영원불변한 이데아의 세계로 들어간다고 보았다.

3) 2017학년도 4월 교육청 15번 : ⑤

갑은 태아를 인격체가 아닌 임신부의 신체 일부분으로 보기 때문에 낙태를 자유롭게 선택할 권리를 지닌다는 입장. 반면 을은 태아는 인간과 동일한 지위를 지닌 존재로 보기 때문에 임신부가 낙태를 자유롭게 선택할 권리가 없다고 본다.

4) 2017학년도 6월 평가원 4번 : ②

갑은 장자, 을은 공자. 장자는 삶과 죽음을 기(氣)가 모이고 흩어지는 것으로 보았다. 장자는 삶과 죽음은 좋아하거나 싫어할 대상이 아닌 사계절의 변화와 같이 자연스러운 변화의 과정이라 보았다. 삶과 죽음에 차별이 없기에 죽음에 초연해야 한다는 주장. 공자는 죽음 이후의 삶에 대해서 관심을 가지기 보다는 현세에서의 삶을 성실하게 수행할 것을 강조하였다.

Point 20 가족, 친구, 이웃 관계의 윤리

기출문제로 개념 다지기

1) 2017학년도 3월 교육청 10번 : ①

제시문은 유교의 입장이다. 유교에서는 효와 우애의 정신을 이웃과 사회로 확대해야 한다고 본다.

2) 2017학년도 7월 교육청 10번 : ①

(가)는 유학의 입장. 퍼즐의 가로 열쇠 (A)는 우정, (B)는 박애이고, 세로 열쇠 (A)는 우애이다. 우애는 형제간의 사랑으로 동기간(同氣間)에 지켜야 할 상호 호혜적인 덕이다.

Point 21 정보 사회와 윤리

기출문제로 개념 다지기

1) 2017학년도 3월 교육청 7번 : ③

(가)는 정보 공유론, (나)는 정보 사유론의 입장. 정보 공유론은 정보의 배타적 소유권을 인정하지 않는 반면, 정보 사유론은 정보의 배타적 소유권을 인정한다.

2) 2017학년도 4월 교육청 4번 : ④

갑은 정보 사유론, 을은 정보 공유론의 입장이다. 정보 사유론은 정보 창작자의 지적 재산권을 보장함으로써 창작 의욕을 높여 양질의 정보 산출에 기여하고자 한다. 반면 정보 공유론은 정보의 자유로운 복제와 배포를 허용함으로써 정보를 인류가 함께 누려야 할 공유 자산으로 본다.

3) 2017학년도 6월 평가원 6번 : ②

갑은 자신이 원하지 않는 민감한 정보들이 다른 사람들에게 공개되지 않도록 정보를 통제할 수 있는 '잊힐 권리'를 주장한다. 을은 누구나 자유롭게 정보에 접근할 수 있어야 하며 사람들이 알아야 할 정보라면 삭제를 금지할 수 있는 '알 권리'를 주장한다. 따라서 갑은 개인에게 자기 정보에 대한 삭제권이 있어야 함을 주장하고, 을은 사생활 보호 공익을 위해 제한될 수 있음을 주장한다.

4) 2017학년도 7월 교육청 12번 : ②

칼럼은 지적 재산권의 강화를 주장하는 정보 사유론의 입장. 정보 공유론은 정보의 공공재적 성격을 강조하는 반면 정보 사유론은 정보 창작자의 배타적 권리를 존중한다.

Point 22 우정에 대한 이해

기출문제로 개념 다지기

1) 2017학년도 9월 평가원 3번 : ①

아리스토텔레스의 우정에 대한 주장이다. 아리스토텔레스는 우정은 이익과 즐거움, 덕을 이유로 생겨난다고 보았다. 하지만 진정한 친구 관계는 이익이나 쾌락(즐거움)을 나누는 것이 아니라 덕으로 맺어져 있는 관계라고 보았다.

Point 23 음식과 관련된 윤리

기출문제로 개념 다지기

1) 2017학년도 6월 평가원 15번 : ②

제시문은 아리스토텔레스의 입장이다. 아리스토텔레스는 음식물에 대한 욕망은 인간의 이성에 의해 적절하게 조절되어 중용(어느 쪽으로든지 치우침이 없는 상태)의 상태를 유지해야 함을 강조하는 입장이다. 따라서 '먹는 행위는 인간의 이성에 의해 조절되어야 한다.'는 ②이 정답이다.

2) 2017학년도 9월 평가원 18번 : ②

(가)의 제시문은 공자의 식생활과 관련된 논어의 내용이다. (나)는 음식과 관련한 불교의 각종 계율들이다. 공자는 음식을 먹는 행위에서 인간다운 품위를 추구하고 음식을 섭취할 때에도 예의와 규칙, 절제가 있음을 강조했지만 음식을 섭취하는 목적이 생존 유지에만 국한되어야 한다고 주장하지 않았다.

Point 24 문화 산업 이해

기출문제로 개념 다지기

1) 2017학년도 9월 평가원 15번 : ②

제시문은 아도르노의 주장이다. 아도르노는 자본주의 사회에서의 상업화된 대중문화를 문화 산업으로 정의했으며 '문화 산업은 대중을 무비판적이며 수동적으로 만든다.'라고 보았고 이를 통해 현실 사회의 모순이 은폐되고 있다고 주장한다.

Point 25 시민 불복종

기출문제로 개념 다지기

1) 2017학년도 6월 평가원 16번 : ③

갑을 롤스이고 을은 소로의 입장. 롤스는 구성원 다수의 정의관에 어긋나는 법과 정책의 개선을 위한 정치적 행위로써 시민 불복종을 주장한다. 그리고 정당화 조건으로 최후의 수단, 공개적, 처벌 감수, 성공이 기대될 수 있어야 한다고 보았다. 소로는 자신이 옳다고 믿는 양심에 어긋나는 모든 불의의 법에 복종하지 말 것을 주장하는 입장이다. 따라서 정답은 ③이다. 롤스와 소로 모두 시민 불복종은 의도적인 위법 행위로 보았기 때문에 오답이다.

2) 2017학년도 7월 교육청 11번 : ⑤

롤스는 법이 '평등한 자유의 원칙', '기회 균등의 원칙' 등을 위배할 경우 시민들은 저항할 수 있는 기본 권리를 갖는다고 보았다. 비폭력적인 방법을 사용함으로써 법에 대한 존중을 잃지 않아야 하고 정당화 조건으로 최후의 수단, 공개적, 처벌 감수, 성공이 기대될 수 있어야 한다고 보았다.

Point 26 종교와 과학의 관계

기출문제로 개념 다지기

1) 2017학년도 9월 평가원 17번 : ③

갑은 엘리아데, 을은 도킨스의 주장이다. ① '종교는 인간의 심리적인 필요에 의해 만들어졌다는 입장'은 프로이트의 주장, ② 종교적 인간일 때 바른 표현, ④ 도킨스는 인간의 윤리적 행위는 과학에 의해 설명이 가능하다는 입장. ⑤는 갑만의 입장이다.

Point 27 사랑에 대한 프롬의 관점

기출문제로 개념 다지기

1) 2016학년도 대학수학능력시험 20번 : ①

프롬은 상대방을 소유하거나 구속하는 사랑은 올바른 사랑이 아니라고 보았다.

Point 28 담론 윤리

기출문제로 개념 다지기

1) 2017학년도 7월 교육청 3번 : ⑤

하버마스는 담론 참가자 모두 자신의 주장뿐 아니라 개인적 욕구, 감정, 희망 사항을 표현할 수 있어야 한다고 보았다.

Point 29 갈퉁의 적극적 평화

기출문제로 개념 다지기

1) 2017학년도 6월 평가원 18번 : ③

제시문은 갈퉁의 주장이다. 갈퉁은 직접적인 폭력의 사용이 없는 상태를 지향한다. 또한 눈에 보이는 직접적인 폭력보다 눈에 보이지 않는 간접적인 폭력을 더 무서운 폭력이라고 규정하였다. 갈퉁이 주장하는 국제 평화의 개념은 국가 간에 전쟁이 없는 소극적 평화뿐만 아니라 구조적 폭력과 문화적 폭력까지 사라진 적극적 평화의 상태를 의미하며 평화는 평화적 수단으로만 이루어져야 한다고 보았다.

Point 30 왈처의 정의전쟁론

기출문제로 개념 다지기

1) 2017학년도 9월 평가원 7번 : ③

왈처는 국제 평화를 위해 전쟁은 정당성을 얻어야 하며, 무조건/무제한적 전쟁은 정당화될 수 없다고 보았다. 또한 자결주의에 입각한 내정 불간섭은 존중하지만, 대량 학살 같은 자국민 스스로 해결할 수 없는 상황에서는 도덕적인 개입이 필요하다고 보았다. 한편 개전에 있어서는 정당화될 수 없는 전쟁을 수행하는 경우에도 전쟁 수행의 과정은 정의로워야 한다고 주장한다.

Point 31 배려 윤리

개념 확인문제: ③

기출문제로 개념 다지기

1) 2016학년도 4월 교육청 16번 : ③

나딩스의 배려 윤리에 대한 내용이다. 배려 윤리는 맥락적 사고를 바탕으로 서로 간의 관계성을 중시하고, 여성 중심 윤리와 남성 중심 윤리는 상호 보완적이어야 한다고 주장한다.

Point 32 통일 방법과 평화 비용

개념 확인문제: ⑤ (평화 비용에 대한 설명)

기출문제로 개념 다지기

1) 2016학년도 4월 교육청 17번 : ②

신문 칼럼은 우리 사회 내에서 통일에 대한 회의론이 증가하고 필요성에 대한 논란이 커지는 문제점을 이야기하고 있다. 따라서 이를 극복하고 통일을 이루기 위해서는 통일의 필요성에 대한 국민적 이해와 합의가 우선되어야 한다.

Point 33 행위 공리주의와 규칙 공리주의

개념 확인문제: ⑤ (행위와 규칙 공리주의 모두 최대 다수의 최대 행복을

가져오는 행위는 바람직하다고 본다.)

기출문제로 개념 다지기

1) 2017학년도 9월 평가원 16번 : ⑤

(가)는 규칙 공리주의에 대한 설명이다. 규칙 공리주의는 사회적 유용성을 극대화할 가능성이 큰 규칙을 따를 것을 갑에게 조언할 것이다. 따라서 정답은 ⑤이다.

Point 34 데카르트와 베이컨의 인간중심주의

개념 확인문제: ③

기출문제로 개념 다지기

1) 2017학년도 9월 평가원 10번 : ③

갑은 데카르트, 을은 레건, 병은 테일러의 입장이다. 데카르트는 인간만이 도덕적 지위를 가진다고 보았고 동물은 영혼이 없는 기계로 보았다. 레건은 삶의 주체로서 동물만이 인간과 동등한 도덕적 지위를 갖는다고 보았다. 테일러와 레건 모두 인간은 다른 생명체보다 우월하지 않기 때문에 동물을 인간의 수단으로만 취급해서는 안 된다고 주장했다.

Point 35 형벌에 대한 벤담과 칸트의 관점

개념 확인문제: ① (벤담은 형벌로 인한 범죄자의 고통은 위법 행위로 인
한 이익보다 커야 한다고 보았다.)

기출문제로 개념 다지기

1) 2017학년도 9월 평가원 14번 : ④

갑은 유용성의 원리를 바탕으로 형벌 이론을 세운 벤담, 을은 응보주
의를 주장한 칸트이다. 벤담은 형벌로 인한 범죄자의 고통이 위법 행
위로 인한 이익보다 커야 함을 주장한다. 또한 형벌의 목적은 범죄 억
지와 교화에 있다고 보았다. 반면 칸트는 형벌의 유용성과 무관하게
죄에 상응하는 형벌이 내려져야 한다고 주장한다. 그리고 형벌은 죄
에 대한 책임을 인정하는 것으로, 이는 결국 범죄자의 인격을 존중하
는 것이라고 보았다.

Part **2**

하루 만에 2등급을
만드는 문제풀이 비법

**Point
01**

너무 뻔한 생활과 윤리 정답 찾기

생활과 윤리는 쉬우면서도 어려운 과목이다. '이런 문제를 틀리는 수험생이 있을까?' 하는 의문이 들 정도로 손쉬운 문제들이 있는 반면 한참을 생각해도 풀리지 않는 문제들도 있다. 일단 아래에 있는 문제를 한번 풀어 보자.

9. 다음 가상 편지에서 강조하는 내용으로 가장 적절한 것은?

> ○○에게
>
> 요즘 언론에서 가정 내의 폭력에 관한 기사를 쉽게 볼 수 있네. 부모와 자녀 간의 친밀한 관계는 부자자효(父慈子孝)의 정신을 통해 강화될 수 있다네. 사람이 개와 말을 기를 적에도 모두 음식으로 길러 주는데, 만약 부모를 봉양만 하고 공경함이 없으면 개와 말을 기르는 것과 무엇이 다르겠는가. 이처럼 효도는 봉양만 해서 되는 것이 아니라 공경하는 마음[敬]이 바탕이 되어야 하네. 자애의 경우에는 부모가 자녀를 위하는 마음만으로 억지로 이끌려고 해서는 안 되네. 힘으로는 도(道)로 이끌 수 없으니, 내가 선해지고자 하면 상대방도 선해지지 않겠는가. …(후략)…

① 효의 정신적인 측면보다 물질적인 측면이 더 중요하다.
② 자녀의 옳지 않은 행동은 강제로라도 교정해 주어야 한다.
③ 부모의 역할을 다하면서 도덕적인 모범을 보여 주어야 한다.
④ 자녀를 위하는 마음으로 행하는 행위는 모두 자애에 속한다.
⑤ 부모의 경제적 보살핌을 받기 위해 자녀는 효도를 행해야 한다.

답은 몇 번일까? 논쟁의 여지없이 ③ '부모의 역할을 다하면서 도덕적인 모범을 보여 주어야 한다.'를 정답으로 선택할 것이다. 수험생이 아닌 학부모가 보면 '이게 고3 수험생이 풀어야 할 문제야? 왜 이렇게 쉬워?'라고 반응을 보일 테고 말이다. 앞에서 말했듯이 생활과 윤리는 생활 속 체감형 문제의 출제가 적지 않다. 수능에 출제되는 20개 문항 중 위에서 말한 9번과 같은 난이도 제로의 문제는 3~4개 정도씩 꾸준히 나온다. 또 다른 문제들도 살펴 보자.

16. 다음 글은 신문 칼럼이다. ㉠에 들어갈 내용으로 가장 적절한 것은? [3점]

> ○○신문   ○○○○년 ○월 ○일
>
> ### 칼럼
>
> 언론이 범죄 혐의를 받고 있는 피의자를 대대적으로 보도하면, 그가 확정 판결을 받기 이전임에도 불구하고 대중은 그가 큰 죄를 지은 범죄자라고 믿게 되는 경향이 있다. 언론의 이러한 보도가 정당한 것인지 깊이 생각해 보아야 한다. 나중에 그 피의자가 무죄 판결을 받는다면 그는 자유의 몸이 되겠지만 그에게서 범죄자라는 낙인이 지워지기는 쉽지 않을 것이다. 그는 이미 언론에 신원이 노출되었기 때문에 사회생활에 큰 지장을 받게 될 것이다. 그러므로 이러한 문제를 사전에 방지하기 위해서   ㉠   …(후략)…

① 언론은 인격권 보호를 위한 엄격한 보도 기준을 마련해야 한다.
② 언론은 공공의 이익 증진을 위해 표현의 자유를 확보해야 한다.
③ 언론은 시민의 알 권리를 충분히 보장하기 위해 노력해야 한다.
④ 언론은 사회의 모순과 부조리를 비판하는 역할에 충실해야 한다.
⑤ 언론은 주요 사건과 관련하여 보도의 신속성을 중시해야 한다.

17. 그림의 강연자가 지지할 주장으로 적절하지 <u>않은</u> 것은?

> 인간은 낯선 공간 안에 던져진 상태로 살아가는 것이 아닙니다. 오히려 인간은 그 공간에 친숙해지며 그 공간에서 자신의 삶을 지속할 수 있는 근거를 찾아냄으로써 거주(居住)하고자 합니다. 인간은 집 밖의 세계에서 일을 하고 나서 다시 자기 집의 보호로 돌아오게 됩니다. 이런 양극적 긴장과 관련된 양 측면은 모두 필수적이므로, 거주 공간은 외부 세계에 대해 열릴 수 있는 닫힘의 공간이자 자기 삶의 중심입니다. 이렇듯 인간의 거주는 특정한 장소에 뿌리를 내리는 것이며, 안정성을 느낄 수 있는 안주(安住)이어야 합니다.

① 인간에게 거주 공간은 자기 세계의 중심이어야 한다.
② 인간은 자신의 거주 공간을 스스로 만들어 나가야 한다.
③ 인간의 거주 공간은 집 밖의 세계와는 구분되어야 한다.
④ 인간에게 거주 공간은 편안하고 친숙한 안식처가 되어야 한다.
⑤ 인간의 거주 공간은 외부를 지향하지 않는 닫힌 공간이어야 한다.

자 일단 답부터 듣도록 하자. 16번의 답은 몇 번일까? 이 문항 역시 논쟁의 여지없이 ① '언론은 인격권 보호를 위한 엄격한 보도 기준을 마련해야 한다.'이다. 그렇다면 17번은? 마찬가지 ⑤ '인간의 거주 공간은 외부를 지향하지 않는 닫힌 공간이어야 한다.'가 정답이다. 이런 문제들은 별도로 시간을 들여 공부하거나 이해할 필요가 없다.

생활과 윤리의 존재 이유는 '현대 생활의 제 영역에서 발생하는 윤리적 문제들의 의미와 성격을 다양한 윤리적 관점에 비추어 올바르게 이해하며, 이러한 윤리적 문제를 바람직하고 합리적으로 해결할 수 있는 능력과 태도를 지닌다.'로 설명할 수 있다. 무언가 말을 어렵게 했는데 쉽게 설명하면 '중국과 쌍벽을 이루는 낮은 시민 의식을 생활과 윤리라는 교육을 통해 바꿔 보자. 즉 경제뿐 아니라 시민 의식도 선진국 수준으로 만들어 보자!'라는 의미이다. 그렇기 때문에 아주 당연한 내용이 정답인 문제들이 출제되는 것이다. 생활과 윤리라는 제목도 뭔가 건전하면서 유토피아 같은 느낌을 주지 않는가? 이런 식으로 답이 뻔한 생활과 윤리 문제들은 뻔한 답을 찾아 주면 그대로 답이 되니까 더 이상 자세한 설명은 생략하겠다.

낚이지 마라

Point
02

　3~4등급 수험생들의 공통적인 특징 중 하나는 '잘 속는다 (낚인다)'에 있다. 이 책을 읽고 있는 수험생들도 적지 않게 공감할 것이다. 다른 과목도 마찬가지겠지만 유독 생활과 윤리는 채점을 하다가 '아~ 그렇구나!' 하는 뒤늦은 탄성과 아쉬움이 많은 과목이다. 왜냐하면 어이없이 낚이는 경우가 많기 때문! 생활과 윤리 출제진들은 언어유희를 제대로 즐길 줄 안다고나 할까? 예컨대 '미국의 수도는 워싱턴~워싱턴~워싱턴'이라고 상대방에게 따라하라고 한 후 질문은 '캐나다의 수도는 어디?'라는 질문을 하는 것과 비슷한 느낌이다. 한 번쯤은 알고도 당한 경험이 있을 것이다. 아래 예시를 한 번 풀어 보자.

7. 다음 현대 사상가가 부정의 대답을 할 질문으로 옳은 것은?

> A국에 대한 무장 해제는 도덕적, 정치적으로 정당한 목표이지
> 만, A국의 대외적 위협은 전쟁보다 낮은 수준의 조치로 제어될
> 수 있었다. 그러나 개전한 이상, A국과의 전쟁은 다음 조건을
> 충족해야 정당하다. 첫째, 민간인 사상자가 발생하지 않도록,
> 혹은 민간인 사상자의 발생을 최소화하도록 최선을 다해야 한
> 다. 둘째, A국에 '국민의, 국민에 의한, 국민을 위한 정부' 수립
> 을 보장할 수 있어야 한다.

① 전쟁의 정당성 논의는 국제 평화를 위해서 필요한가?

② 무조건적, 무제한적 전쟁은 도덕적 정당화가 불가능한가?

③ 전쟁의 정당성 논의는 전쟁이 끝남으로써 종식되어야 하
   는가?

④ 자결주의에 입각한 내정 불간섭 원칙에 예외가 있을 수 있
   는가?

⑤ 개전 명문과 상관없이 전쟁 중의 정당성 요건을 충족해야
   하는가?

어떤가? 오답을 유도하기 위한 출제진의 노력이 가상하지
않은가? 문제에서 원하는 것은 '다음 사상가가 부정의 대답
을 할 질문으로 옳은 것은 무엇인가?'인데 적지 않은 수험생들
은 말 그대로 옳은 것을 찾으려고 한다. 그런데 옳은 것이 너

무 많네? 이런 경우 '문제를 잘못 봤나?' 하는 생각의 함정에서 빠져나오기도 하지만 대다수는 멘붕에 빠져 고민하다 시간은 흐르고 결국에는 아무거나 찍게 돼 버린다. 문제에 낚인 것에 화가 나 아무 죄 없는 멀쩡한 자신의 눈을 원망하는 결말에 이르게 된 것이다. 생활과 윤리는 위의 예시처럼 두 번 꼬아서 나오는 문제가 적지 않기 때문에 '뭔가 이상한데?'라는 느낌이 들면 문제를 다시 한 번 읽어 보는 것이 필요하다. 참 쉬운 것 같은데 막상 시험장에서는 쉽지 않다는 것이 문제다. 긴장하고 떨리고 정신없고 하니 출제진의 의도대로 낚이고 후회하는 패턴이 반복되는 것이다. 내가 몰라서 못 푼 문제는 틀려도 부끄럽거나 아쉽지 않지만 내가 풀 수 있는 문제를 어이없이 틀리는 것은 부끄럽고 아쉽기 마련이다. 이를 예방하기 위해서는 문제를 꼼꼼히 읽는 습관이 필요하다. 3~4등급 수험생들을 대상으로 모의고사가 끝난 후 분석해 보면 매번 어이없이 낚여서 손해 보는 점수가 문항수로는 3~5개, 원점수로는 9~12점 정도 된다. 멀쩡한 눈을 탓하기 보다는 자신의 풀이 습관을 탓하도록 하자. 그렇다면 이런 지긋지긋한 풀이 습관에서 탈출할 수 있는 방법은 없을까? 정말 간절히 탈출하고 싶다면 필자가 처방하는 '시험가이드'에 주목해 보자. 여기서는 핵심만 간단히 다뤄 보겠다. 자세한 내용은 필자의 공부법 베스트셀러인 《진짜 공신이 되는 기적의 공부법》을 참고하면 되겠다.

**Point
03**

시험가이드로 실수에서 벗어나자!

시험가이드는 필자가 개발한 학습법이다. 필자가 00스터디학원에서 중앙일보 교육섹션 대입담당기자로 자리를 옮기기 직전에 맡았던 반은 자연계열 중위권으로, 재수 전 수능 평균 등급은 국어 4, 수학 4.5, 영어 4등급이었다. 보통 이런 중위권 반은 성적이 가장 많이 오른다는 기숙학원조차 성균관대 1~2명 보내는 수준에서 끝나는 경우가 많다. 하지만 시험가이드를 적용한 결과는 상상할 수 없을 정도로 놀라웠다. 내가 맡은 반이 남양주, 광주, 양지, 서초, 강북, 신촌, 강남 등 00스터디 전체 학원 모의고사에서 성적 향상률 전체 1등을 세 번이나 하는 기염을 토한 것이다. 이 친구들의 대입 결과 역시 최고였다. 31명 중 서울대 자유전공 1명, 연세대 2명(의예과, 건축공학), 고려대 2명(이과대학, 사회기반시스템공학), 제주대 의

예과 1명, 강원대 수의예과 1명, 공군사관학교 1명(정책), 성균관대 5명(공학계열 3명, 전자정보통신 1명, 건축학과 1명), 한양대 2명(전기생체, 전자공학) 등 30명 가까이 인서울 대학에 진학한 것이다.

시험가이드는 공부 시간만큼은 1등급이시만 현실은 4~5등급에 머무르는 수험생들을 위해 개발한 방법이다. 아래는 시험가이드 양식이다. A4지를 기준으로 양면으로 제작해 쓰면 된다. A4지를 반으로 접었을 때 정확하게 반으로 접히게끔 돼 있다.

(   )의 시험 가이드

국어			수학		
키워드	무엇을	어떻게	키워드	무엇을	어떻게

영어			탐구		
키워드	무엇을	어떻게	키워드	무엇을	어떻게

　시험가이드를 제작하는 방법은 간단하다. 영역별로 '키워드', '무엇을', '어떻게'라고 써진 칸에 내용을 채우면 된다. '키워드'는 본인의 실력에 비해 모의고사 성적이 낮은 이유를 하나의 키워드로 담는 것이다. 예컨대 긴장, 앞 시험 결과에 연연, 대충 읽기, 빈칸 추론, 어려운 지문, 찍기, 실수와 같은 식으로 키워드를 선정하는 것이다. 키워드가 선정됐다면 구체적으로 뭐가 문제인지를 써 보는 것이다. 예컨대 키워드가 '앞 시험 연연'이라면 왜 이런 키워드를 선정했는지 그 이유를 쓰면 된다. '수학을 못 봤을 때 혹여나 영어까지 망치면 어떻게 하나 잡생각을 함'이라고 적으면 되는 것이다. 그리고 '어떻게' 부분은 말 그대로 어떻게 고쳐 나갈지 구체적인 방법을 적는 것이다. 예컨대 '수학을 못 보면 다른 사람들도 못 봤겠지.'

라고 생각한다. 이렇게 만들어진 시험가이드는 시험이 시작되기 전 휴식 시간에 활용하면 된다. 예컨대 다음 시간이 수학 시험이면 쉬는 시간에 시험가이드에 있는 수학 편을 읽어 보면서 시험을 준비하는 것이다. 원리는 아주 간단하다. 쓰고 읽고 실행하도록 다짐하면 된다. 이렇게 하는 이유는 시험 직전에 '내 고질적인 문제점은 어려운 문제를 2-3분 이상 소비한다. 풀 수 있다고 생각하는 문제를 오랫동안 붙잡고 있지만 결국 못 풀기 때문이다. 그래서 항상 시간이 부족하고 풀어서 맞출 수 있는 문제를 놓치는 경우가 많았다. 따라서 어렵다고 느끼는 문제가 나왔을 때 30초 동안 고민하다 풀이법이 생각나지 않으면 미련 없이 무조건 넘어간다.'와 같은 방식으로 마음의 다짐을 하는 것이다. 그러면 실제 시험에서도 그렇게 할 수 있다.

시험가이드를 만들었다고 끝이라고 생각하면 오산이다. 시험가이드의 핵심은 시험가이드를 만드는 것이 아니라 적용하는 것이다. 모의고사를 치를 때마다 시험가이드를 보면서 연습하다 보면 어떤 결과가 생기는가? 시험을 풀면서 고득점을 방해하는 여러 가지 요인들이 하나 둘씩 사라지며 조금씩 변화가 생긴다. 그렇다면 시험가이드도 변화가 생겨야 한다. 예컨대 '숫자 6과 5를 날려서 쓰다 보니 6인지 5인지 구분이 힘들어 계산 실수가 많았다.'라는 단점이 있다고 하자. 실제로도 이런 경우가 많다. 그래서 시험가이드 '무엇을' 항목에 '숫자 6

과 5를 날려서 쓰다 보니 계산 실수가 많았다.'라고 적고 '어떻게' 항목에 '조급하겠지만 숫자 6과 5를 정자로 또박또박 쓰도록 하자.'라고 적은 후 모의고사 때마다 개선하기 위해 노력했더니 어느 순간 더 이상 이런 실수를 하지 않게 되었다. 그렇다면 시험가이드에도 더 이상 이런 내용을 담을 필요가 없다.

이처럼 시험가이드는 매번 더 이상 필요 없는 내용은 버리고 새롭게 해결해야 할 내용은 담아서 새로운 버전을 만들어야 한다. 필자는 모의고사를 칠 때마다 시험가이드를 새롭게 개정하라고 강제한다. 권유하는 것도 아니다. 그렇게 이야기하지 않아도 시험가이드의 효과에 푹 빠진 수험생들은 시키지 않아도 알아서 한다. 그렇다면 구분은 어떻게 하느냐고? 쉽게 버전1, 버전2로 나가도 되고, 3월, 4월, 5월 등 월별로 나가도 되고 그건 본인의 상황에 맞게 적용하면 된다.

Part 3

하루 만에 2등급을
만드는 빈칸 개념문제

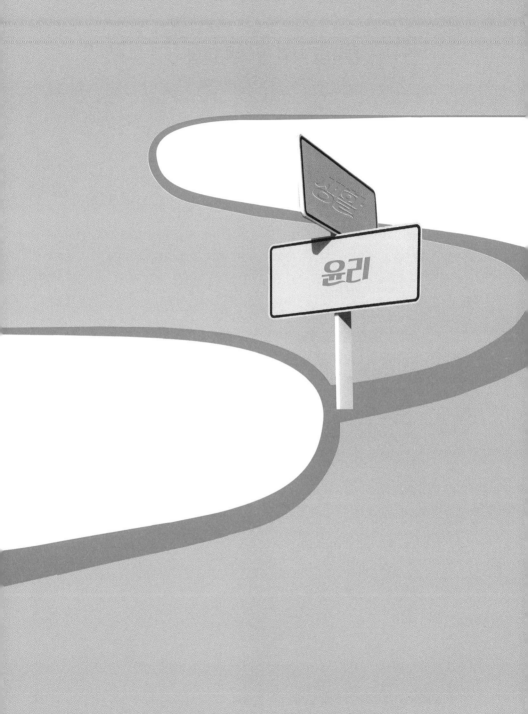
윤리

Point 01 니부어의 사회 윤리적 관점

| 도덕적 인간과 비도덕 사회 |

• 개인에 비해 집단의 [   ] 은 떨어진다.

• 도덕적인 사람도 자신이 속한 집단의 이익을 위해 [   ] 으로 행동하기 쉽다.

• 집단의 이기적 충동은 강한 내면적 억제를 통해서도 완전히 제어할 수 없다.

| 사회 정의 실현을 위해서는? |

• 개인의 [   ] 함양

• 선의지의 통제를 받는 정치적 [   ] 의 이행

• 도덕적 승인에 기초한 사회 제도와 정책의 개선이 필요하다.

Point 02 사형 제도에 관한 칸트와 베카리아의 관점

| 칸트의 입장 |

사법적 형벌은 결코 범죄자 자신이나 시민 사회를 위해서 어떤 다른 선을 촉진하기 위한 한낱 수단으로써 가해질 수는 없고, 오히려 그가 범죄를 저질렀기 때문에 항상 그 때문에 그에게 가해지지 않으면 안 된다. 왜냐하면 인간은 결코 타인의 의도들을 위한 수단으로 취급될 수는 없고, 물권의 대상들 중에 섞일 수는 없기 때문이다. 그리고 형벌에 있어서 공적인 정의가 의존하는 원리는 동등성의 원리이다. 오직 보복법만이 형벌의 질과 양을 명확하게 제시할 수 있다. 그러므로 그가 살인을 했다면 그는 죽어야만 한다.

- 형벌의 본질은 응보
- 사형은 응보주의에 바탕을 둔 형벌이기 때문에 인간의 존엄성과 ▢▢▢ 를 인정
- 사형은 스스로 저지른 살인에 대한 ▢▢▢ 의 ▢▢▢ 을 지우는 것

| 베카리아의 입장 |

사형은 한순간에 강렬한 인상만을 줄 뿐이다. 반면에 종신 노역형은 더 큰 공포를 안겨 준다. 구경꾼은 수형자가 당하는 고통의 합산을 고려하므로 인간 정신에 미치는 효과가 사형에 비해 크다. 처벌이 지속적 효과를 가질 때 범죄를 더 잘 예방할 수 있다.

- 사형보다는 종신 [   ] 이 범죄 예방 효과의 측면에서
  효과적

  → 사형 제도의 폐지를 주장

Point 03 다문화를 보는 관점

| 다문화 주의(샐러드 그릇 이론/모델) |

이주민 문화를 포함하여 다양한 문화를 그대로 동등하게 인정하면서
문화 간 공존을 추구해야 한다.

- 각각의 문화가 공존 → 차별 없이 [   ] 를 이루는 상태
- 문화의 공존과 조화 지향

| 문화 다원주의 |

이주민 문화 정체성이 유지되도록 존중해야 하지만, 주류 문화가 사회
통합의 주체로서 역할을 해야 한다.

- 문화의 공존과 조화 지향 → 주류 문화의 역할([ ] 통합의
  주체) 강조

사회 안에 존재하는 다양한 문화도 용광로에서 함께 녹아들고 섞여 만들어진 쇠붙이처럼 새로운 모습으로 탄생해야 한다.

• 여러 문화를 하나로 통합 → 새로운 문화 창출

Point 04 생명, 생태, 감정중심주의

| ▨▨▨▨▨ 의 생명중심주의 |

생명이 있는 존재는 자신의 선을 고유한 방식대로 추구하는 독특한 개체라는 의미에서 목적론적 삶의 중심이며 모두 내재적 가치를 지닌다.

• 목적론적 삶이라는 단어 때문에 칸트와 혼동해서는 곤란함
• 도덕적 배려의 대상 : ▨▨▨▨▨ 이 있는 존재

| ▨▨▨▨▨ 의 생태중심주의 |

대지는 인간을 비롯한 자연의 모든 존재들이 서로 그물처럼 얽혀 있는 공동체이다. 우리는 그 구성원으로서 공동체에 대한 존경심을 가져야 한다.

• 도덕적 배려의 대상 : ▨▨▨▨▨ 의 모든 존재

| [   ] 의 감정중심주의 |

인간처럼 고통을 느낄 수 있는 능력을 소유한 존재는 인간과 동일한
이익관심을 가진다. 그들에 대한 차별은 인종 차별과 같이 부도덕한
것이다.

- 도덕적 배려의 대상 : [   ] 과 [   ] (쾌고감수능
  력)을 느끼는 모든 존재
- [   ] 이 없는 식물인간은 도덕적 배려의
  대상이 아니다!(싱어의 입장)

| [   ] 의 동물권리론 |

동물도 삶의 주체로서 자신의 삶을 영위할 권리가 있으므로 동물의 도
덕적 지위를 인정해야 한다.

| 생명, 생태, 감정중심주의 공통점 |

- 인간은 모든 생명체를 도덕적으로 배려해야 한다.
- 도덕적 행위의 주체인 인간은 동물을 배려해야 한다.

Point 05 분배에 대한 롤스와 노직의 사상

| 롤스의 ░░░░░░░░░ |

민주주의적 평등 체제에서 불평등이 정당화되는 조건은 그 불평등에 의해 최소 수혜자들의 이익이 증가하는 경우이다.

- ░░░░░░ 공정성*에 따른 ░░░░░░ 의 원칙을 주장
- ░░░░░░ 사회에서도 사회, 경제적 불평등이 존재한다. 하지만 ░░░░░░ 이 보장된다면 정당하다.

  예) 사회 구성원 모두에게 이익이 될 경우 재화의 불평등한 분배는 정당

- 정의의 원칙

  1) 평등한 자유의 원칙(제1 원칙)

     모든 사람은 평등하게 기본적 자유를 최대한 누려야 함

  2) 차등의 원칙(제2 원칙)

     사회/경제적 불평등은 최소 수혜자에게 최대의 이익이 되도록 할 때 정당화됨

  3) 기회균등의 원칙(제3 원칙)

     사회/경제적 불평등의 원인이 되는 직위/직책은 모든 사람에게 열려 있어야 함

─────

＊절차적 공정성 : 정부나 조직 내에서 결과를 성취하기 위해 사용하는 수단의 공정성

| 노직의 [   ] |

한 사람의 소유물은 <u>취득</u> · <u>이전</u> · <u>교정</u>에서의 정의의 원리에 의해 그가 그 소유물에 대한 권리를 부여받았다면 정당한 것이다. 만약 각 개인의 소유물이 정당하다면, 소유물의 전체 집합도 정당하다.

• [   ] 은 어느 사회에서나 존재한다.

  BUT [   ] 과 [   ], [   ] 의 과정에 문제가 없다는 전제하에 [   ] 은 정당하다.

• 개인의 [   ] 를 강조하는 대신 [   ] 에 의한 재분배 반대

  → [   ] 에 의해서만 경제적 정의가 실현될 수 있다!

| 롤스와 노직의 공통점 |

• 개인의 자유와 권리를 침해할 수 없다! (매우 중요)

Point 06 해외 원조에 대한 입장

| [   ] 의 입장 |

시민들의 기본적인 정치적 권리가 보장되는 '질서 정연한 사회'에 살고 있는 사람들은 정치적 전통과 물질적 자원의 결핍으로 고통받는 사회를 원조해야 한다.

- 원조는 윤리적 의무
- 원조의 목적은 [   ] 와 [   ] 의 개선에 있다. 가난한 국가라도 [   ] 한 국가에 대해서는 원조할 필요가 없다!

| [   ] 의 입장 |

> 원조를 함으로써 얻을 수 있는 이익이 비용보다 클 경우, 원조를 하는 사람은 원조를 받는 사람이 어느 공통체에 속해 있든 상관없이 원조해야 한다.

- 민족, 국가, 인종을 [   ] 해 원조를 하는 것이 윤리적 의무

| [   ] 의 입장 |

> 약소국에 대한 원조는 부유한 개인이나 국가가 자율적으로 선택해야 할 문제, 빈곤 문제는 다른 나라가 그 문제 해결에 관여할 윤리적 의무가 없다.

- 원조는 윤리적 의무(X) → [   ] 의 차원에서 선택적 원조

| 원조에 대한 관점 |

- [   ] 의 관점 : 칸트, 롤스, 싱어
- [   ] 의 관점 : 노직

Point 07 국제 관계에 대한 두 가지 입장

| ▨▨▨▨ 입장 |

> 국제 정치는 권력을 얻기 위한 투쟁이다. 국가는 자국의 안보를 가장 우선시하며, 어떤 행위가 국익 실현에 가장 효율적인지를 따진다.

- 인간의 본성은 이기적!
- 국가 또한 이기적!! → 인간들로 구성된 조직이기 때문
- 국가의 이익을 달성하기 위해선 전쟁도 가능하다는 입장!!!
  → 국제 사회에서 국가보다 상위의 중앙 권위체인 ▨▨▨▨ 가 존재할 수 없다!

| ▨▨▨▨ 입장 |

> 평화는 무정부 상태를 규제하는 국제적 제도의 수립을 통해서만 보장될 수 있다. 안보는 세력 균형에 대한 맹신에만 맡길 수 없다.

- 인간은 이성적 & 합리적!
- 국가 또한 이성적 & 합리적!!
- 국제 분쟁은 국가 간의 오해나 잘못된 제도 때문
  → 국제기구 또는 국제법 같은 제도를 통해 평화 달성이 가능하다!

| 현실주의와 이상주의 공통점 |

- 국가를 국제 사회의 중요한 행위 주체로 본다.
- 국제 관계에서 평화를 실현할 수 있는 방법이 존재한다.

| 칸트의 영구 평화론 |

> 어떠한 독립 국가도 상속, 교환, 매매 혹은 증여에 의해 다른 국가의 소유로 전락될 수 없으며 상비군은 조만간 완전히 폐지되어야 한다. 또한 모든 국가는 다른 국가의 체제와 통치에 폭력으로 간섭해서는 안 된다.

- 국제 평화를 위해 국제법을 준수하는 국가들로 구성된 　　　　　을 창설해야 한다.

Point 08 전쟁에 대한 세 가지 입장

| 　　　　　의 정의전쟁론 |

- 　　　　　은 　　　　　을 위한 수단이 될 수 있다!
  But 　　　　　을 받아야!!
- 정의 실현을 위한 수단 : 적국 방어, 부당하게 침해된 권리 회복, 인명의 보호 등
  → 전쟁은 반드시 권위를 지닌 당국에 의해 수행되어야 한다.

→ 전쟁의 요건이 정당해도 사악한 의도가 아닌 올바른 의도를 바탕으로 해야 한다.

| ▮▮▮▮▮▮ 의 입장 |

• 자국의 ▮▮▮▮▮ 을 위해 ▮▮▮▮▮ 한 경우 ▮▮▮▮▮ 을 할 수 있나!

  → 왜냐하면 오직 자국의 이익만 따지면 되기 때문.

  ▮▮▮▮▮▮▮▮▮ 필요 없다.

| ▮▮▮▮▮ 의 입장 |

• ▮▮▮▮▮ 은 어떠한 경우에도 ▮▮▮▮▮▮▮▮▮

  → 전쟁은 용납될 수 없다.

Point 09 동서양의 자연관 비교

| 동양의 유기체적 자연관 |

> 모든 존재와 현상은 원인과 조건이 서로 관계하여 성립하는 것이다. 따라서 이 세상 어느 것도 독립하여 스스로 존재하는 것은 없다.

• 대승 불교의 ▮▮▮▮▮ 설에 기초한 자연관

• 자연을 통제하지 말고 공존을 모색해야 한다는 입장

자연은 인간의 욕구 충족을 위한 도구적 가치만을 지닌다. 따라서 자연이 인간에게 이로움을 줄 수 있도록 과학적 지식을 활용해야 한다.

• 인간은 자연보다 우월하고 귀한 존재
• 인간의 생존과 복지를 위해 자연을 개발하고 활용해야 한다.
• 자연을   적 성격으로 파악

Point 10 관혼상제(관례, 혼례, 상례, 제례)

| |

• 성인으로서의 의무와 권한을 부여하는 의례

| |

• 남녀가 서로 결합해 가계(대대로 이어 내려온 한 집안의 계통)를 잇겠다고 서약하는 의례

| (장례) |

• 사람이 생을 마치는 상황에서 치르는 통과 의례
• 돌아가신 분을 생각하면서 근신하며 정성을 다해 기리는 의례
• 떠나보내는 슬픔을 절도 있게 드러내는 것

예) 상을 치르다 또는 장례를 치르다

| ▨▨▨▨▨ |

• 죽은 조상을 추모하는 마음을 표현하는 것
• 기일(忌日)에 삼가고 절제하는 자세로 정성과 예를 다하는 의례
  예) 세사를 드리다

| 상례와 제례의 공통점 |

• 자신에게 생명을 부여한 존재에게 ▨▨▨ 를 표현하는 의례
  → 조상들은 죽음이 인간(혈연)관계의 소멸이라고 보지 않기
  때문에 상례와 제례를 지냄

Point 11 규범 윤리학과 메타 윤리학

| ▨▨▨▨ 윤리학 |

• 특징 : 이론 규범 윤리학과 실천 규범 윤리학으로 나눠짐
  1) 도덕 (▨▨▨▨) 을 강조
  2) 주요 과제 : 도덕적 ▨▨▨ 에 대한 ▨▨▨ 분석과 정당화
    → 무엇을 해야만 하는가? 선악 판단의 기준은 무엇인가?
  3) 객관적이며 보편적인 ▨▨▨▨ 이나 ▨▨▨▨ 파악

4) 판단의 근거가 되는 도덕 윤리를 체계화

5) 도덕적 추론의 규칙을 검토

| ▨▨▨▨▨ 윤리학 |

• 특징

1) 인간의 삶을 안내하거나 도덕적 ▨▨▨▨▨ 를 해결하는
데 관심이 ▨▨▨▨

2) 윤리학의 학문적 성립 가능성 검토 → 규범 윤리학의 무
의미함 역설

3) 주요 과제 : 도덕적 용어들의 ▨▨▨▨▨ 을 분석, 도덕 추
론의 타당성 입증과 정당화

→ 옳다, 그르다, 선하다, 악하다 등의 ▨▨▨▨▨ 가 어떻
게 사용되고 있는가?

4) 메타 윤리학은 개념(이론)에 초점, 규범 윤리학은
▨▨▨▨ 에 초점

Point 12 이론 규범 윤리학과 실천 규범 윤리학

| 규범 윤리학 : 이론 규범 윤리학+실천 규범 윤리학 |

| 이론 규범 윤리학 |

• 윤리학은 성품이나 행위, 제도 등 윤리적 판단의
　　　　　 근거를 제공해야 한다.

• 핵심 탐구 과제 : 도덕적 　　　　　 를 정당화하는 객관적 도덕 법칙의 정립 → 도덕 법칙의 정당화와 이론적 분석을 중시

• 도덕적 　　　　　 를 분석하고 도덕적 　　　　　 의 타당성 입증과 정당화가 주요 과제인 메타 윤리학과 혼동하지 말 것!

| 실천 규범 윤리학(응용 윤리학) |

• 이론 규범 윤리학을 토대로 현실의 구체적 　　　　　 에 중점을 둔다.

• 핵심 탐구 과제 : 도덕적 　　　　　 을 구체적 삶에 적용하여 도덕 문제를 해결하는 것
　 → 현실의 구체적 문제 해결을 위해 의학, 생명 과학 등 인접 학문과의 　　　　　 중시

| 기술 윤리학 |

- 기술이란? → 사물의 내용을 기록해 서술한다는 의미
- 핵심 탐구 과제 : 각 문화권의 도덕 관습을 ▨▨▨▨ 입장
  에서 기술하는 것
  → 도덕 현상에 대한 경험 과학적인 접근을 강조
- 선택지에 '~을 기술한다', '서술 또는 기술을 중시한다'라는
  형태로 나타남

Point 13 공리주의

| ▨▨▨▨▨ 과 ▨▨▨▨ |

- 공리주의 대표 학자
- 모토 : 최대 다수의 최대 행복
- ▨▨▨▨▨ 유용성의 원리 : 최대 행복의 원리는 쾌락과 행
  복을 증가시키는 경향에 비례해 선, 불행을 증가시키는 경향
  에 비례해 악
  → ▨▨ 과 ▨▨ 을 가져다주는 행위는 옳고 ▨▨ 과 ▨▨ 은
  옳지 않다!
  예) 안락사 허용 → 환자의 고통과 가족의 경제적 부담을 줄
      일 수 있기 때문

- 장점 : 근대 민주주의 성립에 기여
- 단점
  1) 개인 또는 소수의 권익 침해 가능
  2) 유용성을 따질 때 고려하는 범위에 없는 존재에 대해 차별 가능

Point 14 직업 윤리

| 문화권에 따른 직업 윤리의 차이 |

동양 문화권	서양(기독교) 문화권
정명(正名) 정신 강조 → 자신이 맡은 　　　 에 충실!	소명(召命) 의식 강조 → 근면/성실한 자세로 　　　 에 충실!
맹자의 직업 윤리 • 대인(덕을 갖춘 사람)은 다스리는 역할, 소인(백성)은 생산적 노동에 종사 • 소인(육체노동)과 대인(정신노동)은 서로를 위해 필요 → 사회적 분업 차원	칼뱅의 직업 소명설 • 하나님(신)께서는 사람들에게 일정한 일을 하도록 하셨다! → 자본주의 정신의 토대로 작용

| 직업 윤리에서의 정답 키워드 |

- 책임 : 예) 공직자와 기업이 지녀야 할 자세

  → 프리드먼의 주장에서는 예외

프리드먼은 기업의 사회적 책임은 오직 이윤 극대화!

- 성실 : 예) 직업인의 윤리적 자세
- 검소(청렴) : 예) 공직자의 바람직한 자세에 대해 질문할 때
- 현실과 달리 아주 이상적이고 도덕적이며 교훈적인 내용을 찾으면 정답!

Point 15 생명 과학과 생명 윤리

| 생명 과학과 생명 윤리 |

- 특징 : ▨▨▨▨▨ → 주종적 관계 X, 이원적 관계 X, 대립적 관계 X
- 필요성 : 생명 과학 기술의 바람직한 연구 및 활용
- 목표 : 생명의 존엄성 실현

| 장기 이식의 윤리적 문제 |

- 장기 분배의 원칙

  1) ▨▨▨▨ : 장기 분배 시 기회의 균등

  2) ▨▨▨▨ : 이식 이후 경제적 유용성 고려, 대기자의 잔여 생명, 조직의 적합성 등

| 생명 복제와 유전자 조작 |

• 동물 복제

  1) [＿＿＿＿＿] : 희귀 동물 보존, 멸종 동물 복원, 우수한 품종 개발과 유지

  2) [＿＿＿＿＿] : 자연의 질서 위배, 동물을 생명이 아닌 수단으로 여길 수 있다.

• 인간 복제

  1) [＿＿＿＿＿] : 배아의 줄기세포를 활용해 불임 부부의 고통 등 난치병 치료

  2) [＿＿＿＿＿] : 배아 역시 생명, 인간 복제는 인간의 고유성과 존엄성 훼손

• 유전자 조작

  1) [＿＿＿＿＿] : 식량 문제 해결, 사회적 행복 증진

  2) [＿＿＿＿＿] : 유전자 조작 식품의 위험성, 사회 정의 훼손 (다국적 기업의 독점 등)

Point 16 과학 기술과 윤리

| 과학 기술의 가치 중립성 강조 |

  • 대표 학자 : 야스퍼스, 푸앵카레

- 내용

  1) 과학 기술은 주관적 가치가 개입될 수 없음(객관적 관찰과
     실험에 근거)

  2) 과학 기술은 사실의 영역 → 윤리적 규제나 평가의 대상 X

  3) 과학 기술은 사회적 책임에서 자유 → 과학 기술을 활용
     한 사람들의 몫

  4) 과학 기술은 그 자체로   하지도   하
     지도 않다.

| 과학 기술의 가치 중립성 부정 |

- 대표 학자 : 하이데거
- 내용

  1) 과학 기술도 윤리적 검토 필요 → 가치적 판단에서 자유
     로울 수 없음

  2) 과학 기술은 인간과 자연에 미치는 영향이 커짐
     → 발전 방향에 대한 심사숙고 필요

  3) 과학 기술은 인간의 존엄성 실현과 삶의 질 향상에 기여
     해야 함

  4) 과학자의 연구 과정과 그 결과를 활용하는 과정 → 사실
     의 영역 X

| ▨▨▨▨▨ 의 책임 윤리 |

> 인류는 지구 상에 계속 존재해야 한다. 이를 위해서는 사고의 전환이 요청된다. 전통적 윤리는 인간적 삶의 전 지구적 조건과 종(種)의 먼 미래와 실존을 고려할 필요가 없었다. 그러나 이제 우리는 자연에 대한 책임, 미래 지향적 책임, 미래 세대의 삶의 조건에 대한 책임까지 숙고해야 한다. 이러한 책임은 단순히 상호적 권리와 의무로만 설명될 수 없다. 우리에게 요청되는 책임은 자녀에 대한 부모의 책임처럼 일방적이고 절대적인 책임이다.

- ▨▨▨▨▨ 만이 자연에 대해 책임을 질 수 있다.

  → 따라서 ▨▨▨▨▨ 만이 책임을 가진다.

Point 17 종교와 윤리

| 종교와 과학 간의 갈등 |

- 갈등 사례 : 창조론과 진화론, 천동설과 지동설, 인간 복제 등
- 해결 방안

  1) 서로 간에 다른 영역임을 인정

     과학 : ▨▨▨▨ 의 영역(관찰과 실험)

     종교 : ▨▨▨▨ 의 영역(초월적 대상)

  2) 조화롭게 공존 : ▨▨▨▨ 추구라는 공통점

| |

- 대표 학자 : 플라톤, 톨스토이 등
- 특징
  1) 인간의 올바른 도덕성을 기르고 교훈을 제공하는 데 예술
     의 목적
     → 인간의 올바른 품성 형성과 공동체 질서 유지에 기여
     해야 한다!
  2) 예술의   영향력 강조 → 예술의 공공성과 도덕성
     강조

| |

- 대표 학자 : 와일드, 스핑건 등
- 특징
  1) 예술의 본질은 오직 예술 안에서!(사회의 요구를 반영할 필
     요 없다!)
     → 왜냐하면 미적 가치와 도덕적 가치는 무관하기 때문!
  2) 윤리 등 다른 것을 위한   으로 취급 금지

Point 19 삶과 죽음의 윤리

| 동양의 죽음에 대한 입장 |

- ▨▨▨▨▨/노교 사상

   1) 삶과 죽음을 계속 반복이 아닌 기(氣)의 모임과 흩어짐으로 이해

   2) 삶과 죽음은 사계절의 변화와 같이 자연스러운 변화의 과정

      → 삶과 죽음에 차별이 없기에 죽음에 초연해야 한다!

- ▨▨▨▨▨/유교 사상

   1) '삶을 아직 모르는데 어떻게 죽음을 알겠는가?'

      → 죽음보다는 현세에서의 도덕적으로 실천하는 성실한 삶 강조

   2) '귀신을 공경하되 멀리하는 것이 지혜로움' 주장

- 장자와 공자의 공통점: 내세에서 더 나은 삶을 위해 현세에서의 도덕적 실천을 강조하지 않는다.

- ▢▢▢▢

> 죽음이 두려운 일이 아니라는 사실을 진정으로 깨달은 사람은 살아가면서 두려워할 것이 없다. 우리가 존재하는 한 죽음은 우리와 함께 있지 않고, 죽으면 이미 우리는 존재하지 않기 때문이다.

1) 죽음을 두려워할 필요가 없다!

→ 왜냐하면 살아 있는 동안 죽음을 경험할 수 없기 때문

2) 사람은 죽으면 모든 감각이 사라져 어떤 것도 느낄 수 없다.

- ▢▢▢▢

> 순수한 영혼의 상태에 있을 때 우리는 ▢▢▢▢ 를 온전히 파악할 수 있다. 우리는 육체로부터 떠났을 때에야 오로지 영혼만을 사용하여 사물 그 자체를 볼 수 있다.

1) 영혼은 죽음을 통해 영원불변한 ▢▢▢▢ 의 세계로 들어감

| 낙태의 윤리적 쟁점 |

- 낙태 ▢▢▢▢ 이유

1) 태아는 인격체가 아닌 임신부의 신체 일부분

2) 여성은 자신의 삶을 자율적으로 결정할 수 있다.

3) 여성은 자기방어와 정당방위의 권리가 있다.

→ 일정한 조건에서는 낙태할 권리가 있다.

- 낙태 ▢▢▢▢ 이유

1) 태아는 인간과 동일한 생명과 지위를 지닌 존재

2) 태아는 잘못이 없는 인간

　→ 잘못이 없는 인간을 죽음으로 내모는 것은 비도덕적

Point 20 가족, 친구, 이웃 관계의 윤리

| 유학은 뭐고? 또 유교는 뭐지? |

• 유학(儒學) : 선비 유(儒)에 배울 학(學) → 선비가 배우는 학문
중국의 공자 사상을 근본으로 정치 · 도덕의 실천을 중시하
는 전통 학문

• 유교(儒敎) : 선비 유(儒)에 가르칠 교(敎) → 유학의 가르침

• 특징

1) 효도 강조 → 사람들에게 　　　　　를 지키고 순종하는
도리 강조, 　　　　　를 배우지 아니하면 설 자리가 없
고, 　　　　　를 알지 못하면 성공할 수 없다.

2) 효와 우애의 정신을 이웃과 사회로 확대해야 한다.

| 정보 공유론과 정보 사유론 |

- ▨▨▨▨▨▨

  1) 정보의 배타적 소유권을 불인정 → 정보의 공공재적 성격
     강조
  2) 정보의 자유로운 복제와 배포 허용 → 정보는 공유 자산

- ▨▨▨▨▨▨

  1) 정보 창작자의 배타적 권리(지적 재산권) 보장
     → 창작 의욕 고취를 통해 양질의 정보 산출에 기여
  2) 정보의 자유로운 복제와 배포 금지 → 정보는 사유 자산

| 잊힐 권리와 알 권리 |

- 잊힐 권리 : 원하지 않는 민감한 정보가 공개되지 않도록 정
  보 통제
- 알 권리 : 누구나 자유롭게 정보에 접근 → 알아야 할 정보
  삭제 금지

Point 22 우정에 대한 이해

| 아리스토텔레스의 우정에 대한 이해 |

> 우정에는 각기 대응하는 사랑이 존재한다. 이로움 때문에 사랑하는 사
> 람들은 서로를 그 자체로 사랑하는 것이 아니라 상대로부터 어떤 좋음
> 이 생기는 한 사랑하는 것이다. 즐거움 때문에 사랑하는 사람들은 상
> 대방이 어떤 사람이라서가 아니라 즐거움을 주기 때문에 사랑한다. 완
> 전한 우정은 덕에 있어 닮은 선한 사람들의 우정으로 이 경우에만 서
> 로 잘되기를 바란다. 그들은 그 자체로서 좋은 사람들이기 때문이다.

- 우정은   ,   ,   을 이유로 생겨
  난다.
- 진정한 친구 관계 또는 완전한 우정?
  → 이익이나 쾌락을 나누는 것이 아니라   으로 맺
  어져 있는 관계
- 유덕하지 못한 사람들도 우정이 생길 수 있지만 완전한 우정
  은 아니다.

| [   ] 의 관점 |

음식물에 대한 욕망은 인간의 이성에 의해 적절하게 조절되어 중용(어느 쪽으로든지 치우침이 없는 상태)의 상태를 유지해야 함을 강조

• 마땅한 것(자연에 따르는 것)을 넘어 배를 채우는 사람은 폭식가
  → 지나칠 정도로 노예적인 사람이라고 비판

| [   ] 의 관점 |

자른 것이 바르지 않으면 드시지 않았고, 간장이 없으면 드시지 않았다. 고기가 많아도 곡기를 이기지 않았으며, 주량이 대단했으나 어지러울 정도로 마시지는 않았다. (논어에서 발췌한 공자의 식생활)

• 음식을 먹을 때도 인간다운 품위를 추구
  → 음식을 섭취할 때에도 예의와 규칙, 절제가 있음을 강조

| [   ] 의 관점 |

술과 고기를 먹지 마라. 오신채(마늘, 부추, 파, 달래, 흥거)를 먹지 마라.
식사는 오전 중 한 번으로 끝내라.
발우의 음식은 수많은 연기의 과정을 거친 것이다.

• 오신채는 수행에 방해가 된다고 먹지 말 것을 주장
  → 음식과 수행을 연계

• 음식을 섭취할 때 절제를 강조

　예) 식사는 오전 중 한 번으로 끝내라!

Point 24 문화 산업 이해

| 　　　　　 의 문화 산업 |

• 문화 산업 : 자본주의 사회에서의 상업화된 대중문화를 의미
• 특징

　1) 대중 예술품의 주된 가치는 시장 가격에 의해 정해진다.

　2) 문화 산업은 　　　　 을 무비판적이며 수동적으로 만든다.

　→ 이를 통해 현실 사회의 모순이 은폐되고 있다!

Point 25 시민 불복종

| 　　　　　 의 시민 불복종 |

어느 정도 정의로운 사회에서 사회 구성원 다수의 정의관에 어긋나는 법과 정책의 개선을 위한 정치적 행위로써 시민 불복종 주장

- 정의로운 사회의 모델 주장
- 법이 '평등한 자유의 원칙'과 '기회 균등의 원칙' 등 원칙 위배
  하면 → 시민들은 저항할 수 있는 기본 권리를 갖는다.
  단 [   ] 인 방법을 통해 법에 대한 존중을 잃지 않아야
  한다.
- [   ] 의 시민 불복종 정당화 조건
  1) 시민 불복종은 [   ] 의 수단
  2) [   ] , [   ] 을 감수, [   ] 이 기대될
     수 있어야 한다!

| [   ] 의 시민 불복종 |
- 옳다고 믿는 양심에 어긋나는 모든 불의한 법에 복종하지 말
  것을 주장
  → 개인의 양심은 불복종 정당화의 최종 근거
- 타협하거나 시간을 갖고 기다려 보자는 주장에 대해
  → 근본적으로 악법이 바뀌지 않을 것이라는 입장

| [   ] 와 [   ] 의 공통점 |
- 시민 불복종은 정의롭지 못한 법이나 정부 정책을 변혁시키
  려는 목적으로 행하는 의도적인 [   ] 행위

Point 26 종교와 과학의 관계

| |

- 종교적 인간에게 자연은 성스러운 것으로 간주
- 자연은 성스러움으로 상징화된 초월적 존재의 창조물
  → 초월적 신은 자연을 통해 자신의 존재를 드러낸다.

| |

- 인간의 윤리적 행위와 자연은 과학(물리학)에 의해 설명 가능
- 저서인 '만들어진 신'을 통해 진화론과 유전자 결정론을 바탕
  으로 → 초자연적(초월적인) '신은 없다'고 주장

| |

- 종교는 인간의 심리적인 필요에 의해 만들어졌다는 입장

| 사랑에 대한 프롬의 관점 |

• 진정한 사랑은 잠재 능력의 표현 & [   ] 활동
  → 상대방을 소유하거나 구속하는 사랑은 올바른 사랑 X
• 사랑은 상대방에 대해 적극적인 관심을 갖는 것
• 사랑은 상대방이 자기 능력을 최대한 발휘하도록 돌보는 것
• 사랑은 상대방을 있는 그대로 존중하는 것
• 사랑은 능동적으로 활동해 자신의 생동감을 고양하는 것
  → 서로의 모습을 존중하고 인정함으로써 서로가 온전히 성
  장할 수 있도록 도와야 한다고 보았다.

Point 28 담론 윤리

| [   ] 의 담론 윤리 |

• 공정하고 합리적인 담론을 통해 윤리적 문제들을 합리적 해
  결 가능
• 담론 과정에서 지켜야 할 규범

1) 자유롭고 평등한 담론 참가자들이 상호 관용의 태도를 가질 것

2) 담론 참가자 모두 자신의 주장뿐 아니라 　　　　　 욕구, 　, 희망 사항을 표현할 수 있을 것

Point 29 갈퉁의 적극적 평화

| 　　　　 평화 |

• 전쟁이나 물리적인 폭력이 없는 상태

| 갈퉁의 　　　　 평화 |

• 구조적 폭력이 없는 상태

• 직접적인 폭력보다 눈에 보이지 않는 간접적인 폭력(구조적 폭력과 문화적 폭력)을 더 무서운 폭력으로 규정

　→ 　　　　 폭력을 인식하고 해결하는 것이 평화 실현의 중요 과제

| 갈퉁의 국제 평화 개념 |

• 국가 간에 소극적 평화뿐만 아니라 구조적 폭력과 문화적 폭력까지 사라진 적극적 평화의 상태를 의미

→ ▨▨▨▨ 수단으로만 가능

Point 30 왈처의 정의전쟁론

| 정의전쟁론의 구분 |

- 전쟁을 시작함에 있어서의 정의의 영역
- 전쟁 수행 과정상의 정의의 영역
- 전쟁 종식 이후의 정의의 영역

| 정의전쟁론의 내용 |

- 국제 평화를 위해 전쟁이 정당성을 얻어야 한다.
- 무조건적, 무제한적 전쟁은 도덕적으로 정당화될 수 없다.
- 자결주의에 입각한 내정 ▨▨▨▨ 은 존중 → But 스스로 해결할 수 없는 문제(예 : 대량 학살) 발생 시는 도덕적 개입
- 명분이 정당하지 않은 전쟁을 수행해도 그 과정은 ▨▨▨▨ 로워야 한다.

Point 31 배려 윤리

| 나딩스의 배려 윤리 |

• [   ] 사고를 바탕으로 서로 간의 관계성 중시

• 여성의 도덕적 특징을 중시 → 타인에 대한 [   ], 보살핌, 유대감, 상호 의존성, 책임 등 중시

• 남성 중심 윤리와 여성 중심 윤리는 상호 [   ] 이어야 한다는 입장

| 길리건의 배려 윤리 |

• 남성과 여성의 도덕적 관심(도덕적 지향성)은 [   ] 하지 않다.

　→ 남성은 권리와 의무/정의의 원리 중시

　→ 여성은 개별적인 관계(특히 배려) 중시

| 배려 윤리의 등장 배경 |

• 공리주의와 칸트 윤리와 같은 [   ] 도덕 원리(남성 중심, 정의 중심)를 보완하기 위해 등장

Point 32 통일 방법과 평화 비용

| 통일의 필요성 |

- 이산가족의 고통 해소와 민족 정체성 회복
- 한반도의 평화와 번영 및 세계 평화에 기여
- 통일에 대한 회의론 증가 극복 방법

  → 통일의 필요성에 대한 국민적 이해와 합의가 우선

| ▓▓▓▓ 비용 |

- 남북 경제 협력과 대북 지원 등
- 통일 후 북한에 투자되는 비용과 사회 통합 비용 절감
- 남북 간 신뢰를 높이고 상호 이해를 확장 → 한반도 평화 분위기 조성

| ▓▓▓▓ 비용 |

- 군사비 등
- 남북한 대립과 갈등으로 발생하는 비용
- 통일이 되는 순간 소멸되는 지출적/소모적인 비용

Point 33 행위 공리주의와 규칙 공리주의

| 행위 공리주의 |

• 유용성의 원리를 [   ] 에 직접 적용

• 최대의 유용성을 낳는 행위는 어떤 것인가?

→ 주어진 상황에서 최대의 [   ] 을 산출할 수 있는 행위를 선택해야 한다.

예) 거짓말, 무고(없는 일을 거짓으로 꾸며 남을 고발하거나 고소하는 행동) 등의 행위도 [   ] 을 가져오면 정당화될 수 있다.

| 규칙 공리주의 |

• 유용성의 원리를 행위의 [   ] 에 적용

• 최대의 유용성을 낳는 규칙은 어떤 것인가?

• 동기나 선의지보다 행위의 [   ] 중시

→ 타당한 도덕 [   ] 에 적합한가?

→ 개인의 선이 아닌 사회의 더 큰 선을 산출해야 함을 강조

• 공익과 사익은 서로 비례 관계

| 행위와 규칙 공리주의 공통점 및 차이점 |

• 최대 다수의 최대 행복을 가져오는 행위는 바람직

- 다른 사람의 이익을 증진하는 행위는 바람직 But 반드시 그렇지는 않다!
- 행위 공리주의 : 이익을 증진시켜도 전체 이익을 감소시키면 옳지 않다.
- 규칙 공리주의 : 다른 사람의 이익을 증진
  → 이익을 증진시켜도 유용성을 극대화시키는 규칙에 위배되면 옳지 않다.

Point 34 데카르트와 베이컨의 인간중심주의

| 데카르트의 이분법적 관점 |

- 인간과 자연을 구분해 인식 → 인간은 주체, 자연은 대상
- 　　　　　 은 정복과 이용의 대상
- 인간만이 도덕적 지위를 가진다. → 　　　　　 은 영혼이 없는 기계로 인식

| 베이컨의 인간중심주의 |

- 자연이 지니는 　　　　　 가치 강조(자연과 공존하자는 내재적 가치 아님)
- 자연은 정복과 이용의 대상 → 인간은 자연을 이용할 권리가 있다.

Point 35 형벌에 대한 벤담과 칸트의 관점

| 　　　　　 |

• 유용성의 원리를 바탕으로 형벌 이론 수립

  → 형벌로 인한 범죄자의 고통은 위법 행위로 인한 이익보다

  커야 한다.

• 형벌의 목적은 범죄 억지와 교화에 있다.

  → 모든 처벌은 그 자체로 　　　　　

  → 　　　　　 은 범죄 예방과 범죄자를 사회에 복귀시키는

  효과가 있을 때 정당화

| 칸트 |

• 응보주의 주장

  → 형벌은 　　　　　 의 원리에 따라 시행(예 : 살인자는 당연

  히 사형)

  → 형벌의 유용성과 무관하게 죄에 상응하는 형벌이 필요

• 형벌은 죄에 대한 책임을 인정하는 것 → 범죄자의 인격을

  존중하는 것

• 처벌은 범죄자나 시민 사회의 　　　　　 을 증진시키는 수

  단으로 행해져서는 안 된다.

[참고문헌]

2016~2013학년도 대학수학능력시험 생활과 윤리 문제지

2017~2013학년도 대학수학능력시험 9월 평가원 모의평가 생활과 윤리 문제지

2017~2013학년도 대학수학능력시험 6월 평가원 모의평가 생활과 윤리 문제지

2017~2013학년도 10월 고3 전국연합학력평가 생활과 윤리 문제지

2017~2013학년도 7월 고3 전국연합학력평가 생활과 윤리 문제지

2017~2013학년도 4월 고3 전국연합학력평가 생활과 윤리 문제지

2017~2013학년도 3월 고3 전국연합학력평가 생활과 윤리 문제지

2017~2013학년도《EBS 수능 연계교재(수능특강, 수능완성) 생활과 윤리》

《생활과 윤리 교과서》천재교육, 교학사, 미래엔

진짜 공신이 되는
하루 만에 2등급 생활과 윤리

초판 1쇄 인쇄 2016년 10월 10일
초판 1쇄 발행 2016년 10월 15일

지은이 김범수
발행인 조상현
편집인 김주연
디자인 더젬 허형옥

펴낸곳 더디퍼런스
등록번호 제2015-000237호
주소 서울시 마포구 마포대로 127, 304호
문의 02-725-9988
팩스 02-6974-1237
이메일 thedibooks@naver.com
홈페이지 www.thedifference.co.kr

ISBN 979-11-86217-56-6 (03190)